Ancilla Röttger OSC

einfach leben

W0072415

Ancilla Röttger OSC

einfach leben
in der Spur des Alltags

Mit Bildern von Christiane Alt-Epping

Aschendorff Verlag

Fotos: Christiane Alt-Epping

© 2013 Aschendorff Verlag GmbH & Co. KG, Münster

Gesamtherstellung: Aschendorff Druckzentrum GmbH & Co. KG, 2013
Gedruckt auf säurefreiem, alterungsbeständigem Papier ∞
ISBN 978-3-402-13009-4

Inhalt

Anstelle eines Vorwortes

Selig der Mensch, der e i n f a c h lebt
der sich traut, Gott zu trauen,
der den Mut hat, zu sein, der er ist,
der den Reichtum des Alltagsweges entdeckt.

Selig der Mensch, der einfach l e b t ,
der den gegenwärtigen Augenblick ergreift
und wieder loslässt,
der einen Schritt wagt, ohne auf hundertprozentige
Sicherheit zu warten,

der weitergeht, ohne sich selbst den Weg zu verstellen,
der vom andern nicht erwartet, was er selber tun kann.
Selig der Mensch, der einfach liebt, um zu lieben,
ohne seine Liebe von Gegenliebe abhängig zu machen.

Selig der Mensch, der e i n f a c h lebt,
um einfach zu l e b e n .

Im gegenwärtigen Augenblick da sein

Gegenwart

Kennen Sie den Oberteufel Screwtape? In C. S. Lewis „Dienstanweisungen an einen Unterteufel" gibt er sich alle erdenkliche Mühe, seinen Neffen, den Unterteufel, in die Finessen der Verführung einzuweisen. Eines der Hauptgebote: Verführung gelingt am besten, wenn der andere von der Gegenwart abgelenkt wird, wenn möglich, ganz auf die Zukunft hin. Denn „die Gegenwart ist der Punkt, der am stärksten von der Ewigkeit durchstrahlt ist." Der Ausgang des Buches zeigt das Scheitern des Neffen. Doch im Blick auf unsere gegenwärtige Zeit könnte ich den Eindruck gewinnen, dass er es doch noch geschafft hat: wir schauen immer gebannter auf die Zukunft und sind immer seltener in der Gegenwart. Dabei geschieht Begegnung, eben das, was das Leben kostbar macht, im gegenwärtigen Augenblick. Es gibt eine gute Gegenwartsübung, zu der fast jeder von uns Zugang hat: und zwar mit einem älteren Menschen zu sprechen, dessen Kurzzeitgedächtnis nachgelassen hat. Und wenn die gleiche Frage zum zwanzigsten Mal gestellt wird, vergesse ich die neunzehn gegebenen Antworten. Jetzt ist der Augenblick der Begegnung, und die zwanzigste Antwort ist ganz neu. Die Gegenwart ist der Augenblick des Lebens, nicht die Vergangenheit und nicht die Zukunft.

Zukunft bauen

Vor einiger Zeit las ich in einer Werbung der Bank im Bistum Essen einen Ausspruch von Antoine de Saint-Exupéry: „Man kann nicht in die Zukunft schauen, aber man kann den Grund für etwas Zukünftiges legen – denn Zukunft kann man bauen." Es war eine Werbung für Geldanlagen, die auch sozialen und ökonomischen Verbesserungen zugute kämen, hieß es da. In Ermangelung von Geld sind Geldanlagen nicht so mein Thema, wohl aber Zukunft. Was ist denn meine Zukunft?

Es gibt die Etappenziele in der Zukunftsplanung wie: einen Beruf kompetent ausüben, dazu muss ich das Handwerkszeug erlernen. Es leuchtet jedem ein, dass ich auf eine gute Ausbildung meine Zukunft bauen kann. Aber so ganz sicher ist das auch nicht, ob ich dann eine Stelle bekomme in dem Bereich, für den ich so gut ausgebildet bin. Ein Etappenziel könnte sein, eine in Krisenfragen kompetente Person zu werden, wozu ich auch eine entsprechende Ausbildung ansteuern kann. Nur, sicher ist es nicht, ob ich damit mein Leben unterhalten kann. Und ein größeres Ziel, über die Einzeletappen hinaus? Vielleicht: zu leben! Das wollen zumindest Eltern für ihre Kinder. In einer befreundeten Familie kann ich es so erfahren: um die Zukunft zu bauen, dass sie lebendiges Leben sein kann, sind diese Eltern einfach für ihre Kinder in diesem Augenblick da, in den kleinen und großen Fragen, im Kummer und in der Freude, im Streiten und Versöhnen. Zukunft bauen, indem wir Augenblick für Augenblick die Gegenwart leben – ganz, mit Herz und Verstand.

Attrappe?

In einem Kreis von Schwestern erzählte eine, wie sie auf einem fremden Bahnhof festsaß, weil ihr Zug Verspätung hatte. Sie wollte gern in ihrem Kloster anrufen, um ihren Mitschwestern zu sagen, dass sie sich keine Sorgen zu machen brauchten, fand aber kein Telefon. Da sah sie auf dem Bahnsteig einen jungen Mann mit Handy. Als er sein Gespräch beendet hatte, ging sie schnell zu ihm, um sich gegen Entgelt sein Handy für den kurzen Anruf auszuleihen. Der junge Mann wurde rot vor Verlegenheit und gestand: „Es ist nur eine Attrappe!" – Symbolisiert die Handy-Attrappe Sehnsucht nach Kommunikation? Oder eher Angst vor Kommunikation, da sie Umstehende auf Distanz hält?

Mir geht diese Begebenheit nicht mehr aus dem Sinn und zwar mit der nagenden Frage: Gibt es bei mir auch Attrappen?

Eine Handy-Attrappe ist etwas, das aussieht wie ein Handy, aber nicht die Funktion eines Handys erfüllt, das heißt: keine Kommunikation ermöglicht. Die Aufgabe der Attrappe ist, etwas vorzutäuschen – hier also Kommunikation –, was in Wirklichkeit gar nicht stattfindet.

Ich habe zwar keine Handy-Attrappe, verhalte mich aber doch manchmal genauso, als hätte ich eine. Manchmal täusche ich Kommunikation vor und bin innerlich gar nicht dabei. Manchmal höre ich zu und höre doch nicht zu, weil ich schon überlege, was ich sagen könnte, sobald der andere aufhört zu reden. Manchmal spreche ich mit jemandem, ohne ihm wirklich etwas zu sagen. Ist das nicht genauso, als wenn ich eine Handy-Attrappe benutzen würde?

Selig der Mensch,
der Lust hat zu beten,
dessen Freude es ist,
in lebendiger Beziehung zu Gott zu sein,
der alle Freude und alles Leid Ihm ans Herz legt
und dann voll Gottvertrauen handelt.

Das Schaf an der Krippe

Ist Ihnen schon einmal aufgefallen, dass an den Krippen selten Schafe fehlen? Dabei hat das Schaf doch in der Weihnachtsgeschichte gar nichts zu tun. Aus Kinderzeiten weiß ich, dass der Ochse dafür zuständig ist, etwas Wärme zu schenken. Der Esel wird für die Flucht nach Ägypten gebraucht. Ohne den Stern finden die Weisen nicht den Weg zum Stall, und die Engel verkünden die frohe Botschaft. Die Hirten kommen und beten das Kind an. Aber was tut denn das Schaf?

Es fällt mir nichts ein, – außer dass das Schaf die Ursache dafür ist, dass die Hirten auf dem Feld sind, um über ihre Herde zu wachen. Gäbe es die Schafe nicht, dann lägen die Hirten vielleicht in ihren Betten und hätten die ganze Weihnachtsgeschichte verschlafen! Haben die Schafe an der Krippe vielleicht die Aufgabe, denen zur Wachsamkeit zu helfen, die sonst schlafen würden? Dann wären die Schafe ja sogar enorm wichtig, denn nur ihretwegen bekommt es überhaupt jemand mit, dass die Engel singen und Gott Mensch wird. Genau so ist es doch: Menschen, die aufgrund von Krankheit oder Alter die Hilfe anderer brauchen, tun denen, deren Hilfe sie brauchen, einen großen Dienst: sie schenken ihnen die Möglichkeit, wach zu sein und aufmerksam, um den Gesang der Engel hören zu können. Ihnen ist es zu verdanken, dass überhaupt jemand mitbekommt, dass Gott Mensch wird – auch in dieser Nacht. Gott sei Dank, dass jemand um eines anderen willen wacht! Er oder sie werden die Botschaft verstehen! - Wie gut, dass ein Schaf an der Krippe steht!

Sich beschenken lassen

Geschenke

Kürzlich hörte ich jemanden empört sagen: „Ich lass mir doch nichts schenken!" Und es verbarg sich dahinter die Angst, jemand anderem verpflichtet zu sein, – also Sorge um die eigene Freiheit. Nicht nur meine persönlich frei gewählte Lebensform als Klarisse steht dieser Haltung genau entgegen. Ich empfinde es nicht als Privileg, aus dem Beschenktsein zu leben, sondern es scheint mir eine Lebensnotwendigkeit zu sein, sich beschenken lassen zu können. Allerdings ist es wohl tatsächlich nicht so ganz leicht. Denn ein Geschenk annehmen kann z. B. nur jemand, der seinen Selbstwert nicht ständig von seiner eigenen Leistung abhängig macht. Dabei leben wir alle von Geschenken. In einem Roman von Marc Levy las ich folgende Geschichte: Sie sagt zu ihm: Stell Dir vor, bei einer Bank steht Dir jeden Morgen ein Konto mit 86 400 Euro zur Verfügung. Alles, was Du im Laufe des Tages nicht ausgegeben hast, wird Dir am Abend wieder weggenommen. Jeden Morgen sind neu 86 400 Euro auf dem Konto. Und: Die Bank kann das Spiel ohne Vorwarnung beenden. Was würdest Du mit so einem Geschenk tun? – Was würde ich mit so einem Geschenk tun? Die Quintessenz der Geschichte ist: Jeden Morgen, wenn wir aufwachen, bekommen wir 86 400 Sekunden Leben für den Tag. Nichts wird gutgeschrieben. Was wir nicht gelebt haben, ist verloren. – Mir geschenkte Zeit zum Leben, welch ein kostbares Geschenk! Füllen wir sie mit Leben. Gestehen wir getrost unsere Abhängigkeit ein – darin liegt unsere Freiheit.

Dankbarkeit in der Wirtschaft?

Von wirtschaftlichen Dingen verstehe ich ausgesprochen wenig. Doch wenn ich die Zeitung lese, bleibt es nicht aus, dass ich diesen Bereich unseres gesellschaftlichen Zusammenlebens wahrnehme. Es fällt mir auf, dass es fast immer darum geht, Geld gerecht aufzuteilen. Und was dabei gerechte oder ungerechte Verteilung ist, ist für die jeweils streitenden Gruppen offensichtlich nur schwer auf den gleichen Nenner zu bringen. Die Forderungen der verschiedenen Seiten treiben sich gegenseitig in die Höhe – ein schier unlösbarer Zirkel.

Die „wirtschaftliche" Seite der Lebensstruktur unseres Konventes ist eine völlig andere: wir schenken unser Leben, unsere Zeit, unser Brot und leben von dem, was Menschen uns schenken an Leben, an Zeit, an Brot. Wir leben aus der Dankbarkeit für das Empfangene, und das ist eine rein menschliche Grundhaltung; denn niemand lebt nur aus dem Verdienst, sondern zuallererst aus dem, was er geschenkt bekam. Dankbarkeit verändert den Blick. Eine Zugfahrt vor kurzem gab mir zum Beispiel viel Grund zum Dank: Dank an den Lokführer, der den Zug verlässlich fuhr, Dank an das Zugpersonal, das eine freundliche Atmosphäre verbreitete, – und beim Blick aus dem Fenster: Dank an die Bauern, die die Landschaft so pflegen, das sie uns wohl tut. Vielleicht könnte dankbares Wahrnehmen dessen, was der andere tut, auch manche wirtschaftlichen Gespräche entkrampfen. Denn auch die Wirtschaft hat doch etwas mit dem Menschen zu tun, oder nicht?

Sich beschenken lassen

Schlag auf Schlag

Manche Menschen trifft wirklich Schlag auf Schlag. Da führt jemand schon ein recht beschwerliches Leben und bekommt noch eine Last darauf gelegt. Da ist jemand schon arm, und das Wenige, das er hat, wird ihm auch noch genommen. Schlag auf Schlag. Sieht Gott das denn nicht? Ist Er wohlmöglich auch noch derjenige, der schlägt? Manche gequälte Menschen befürchten das – und verlieren in dieser Furcht alle Hoffnung. Ich glaube nicht, dass Gott schlägt!

Was sich wie ein Schlag anfühlt, könnte ja auch eine abrupte Konfrontation mit einer Grenze meines Lebens sein. Wenn ich im vollen Lauf vor eine Mauer renne, dann ist das schon ein herber Schlag. Und Krankheit, Armut, Not sind Grenzen meines Lebens, die sich plötzlich enger um mich schließen und meinen Weg im vollen Lauf stoppen.

Eine Freundin von mir ist in diesem Sinn wirklich hart geschlagen: immer wieder ein neuer schwerer Krankheitsschub, der ihr und ihrer Familie einiges abverlangt. Irgendwann schenkte mir ihr Mann eine wunderschöne eiserne Rose, die er mit seinem Sohn zusammen aus einem Stück Eisen geschmiedet hatte. Er sagte dazu: „Ich glaube, so ist das mit uns. Es trifft uns Schlag auf Schlag – und am Ende formt Gott aus all dem eine wunderschöne Rose."

Einer seiner Arbeitskollegen hatte zu ihm gesagt: „Dass Ihr aber auch immer solches Unglück habt!" „Unglück?", hatte er geantwortet, „Glück! Wir haben doch unvorstellbares Glück!" – in der Intensität des geschenkten Lebens in jedem Augenblick. Und ich glaube es ihm!

Gelungenes Leben

Manche Menschen haben es wirklich schwer in ihrem Leben. Und als ich vor kurzem sehr gehäuft an einem Tag viel Leid in verschiedenen Lebenssituationen verschiedener Menschen wahrgenommen hatte, blieb ich vor Gott mit der Frage zurück: Wozu das alles? Wann ist ein Leben gelungen? Mindern all diese menschlichen – psychischen und leiblichen – Einschränkungen die Möglichkeit, dass das Leben gelingen kann? Das kann einfach nicht sein. Es wäre für mich eine Einschränkung der christlichen Botschaft vom Leben für jeden. Oder gilt diese Zusage erst für das „Jenseits"?

Eine Schülerin sagte bei einem Besuch mit ihrer Klasse in unserem Kloster spontan: „Ich könnte hier nicht leben (sie hörte die Geräusche vom Markt). Ich hätte das Gefühl, das Leben läuft da draußen an mir vorbei!" Und auf meine Frage, wo das Leben denn sei, ob in ihr oder draußen, erwiderte sie sofort: „Natürlich in mir." Darauf meine Frage: „Wie kann es dann draußen vorbeilaufen?" Ja, wie kann das Leben an mir vorbeilaufen?

In jedem von uns lebt das Leben, nicht draußen. Um das Leben zu suchen, müssten wir uns also auf die Spur nach innen machen. Die äußeren Einschränkungen sind da kein Hindernis. Das Leben scheint mir zu gelingen, wenn ich immer mehr lerne, jetzt in diesem Augenblick ganz gegenwärtig zu sein und die Liebe zu leben. Ja, dann gilt die Zusage der Lebensfülle schon jetzt: in jeder noch so eingeschränkten Lebenssituation. Das Leben kann gelingen in jedem Augenblick neu – nicht im Sinne von Leistung, sondern von geschenkter Fülle.

Sich beschenken lassen

Ostergeschenk

Vor längerer Zeit las eine Schwester über die Erfahrung Sterbender, die wieder ins Leben zurückkamen. Ähnlich war in den Berichten: sie sahen ein großes Licht, begegneten einer Gestalt, die reine Güte ausstrahlte, und vor ihren Augen lief ihr Leben noch einmal wie ein Film ab. Vor allem die Sache mit dem „Film meines Lebens" beschäftigte uns länger: Muss es denn nicht einmal gut sein? Warum denn noch einmal alles aufrechnen? ...

In der Person, die reine Güte ausstrahlte, sahen die meisten derer, die ihre Erfahrungen berichteten, Jesus Christus. Güte, das heißt, diese Person sagt mir in der Begegnung: Du bist gut, so wie du bist. So jemand würde mir doch nicht noch einmal alles Dunkle meines Lebens vor Augen halten! – Oder ist es vielleicht gar nicht Gott, der mir im Tod noch einmal meine Vergehen aufrechnet, sondern bin ich das selbst? Vielleicht ist das, was da vor meinen Augen abläuft, all das, was ich mir selbst nicht verzeihen und nicht loslassen kann. Das, was unser Leben beschwert, ist vor allem das, was wir festhalten. Und vielleicht kann ich es nicht loslassen, weil es mir sagt, dass ich nicht so bin, wie ich gern wäre. Doch da ist die Rede von der reinen Güte: Sie nimmt mich so, wie ich bin. Wie tröstlich!

Alle Schuld loslassen und dazu noch glauben dürfen, dass jemand es in Güte auffängt und gut macht: der Auferstandene, der uns die Vergebung der Sünden zuspricht. Das ist etwas, was wir im Sakrament der Buße erfahren können so oft wir wollen. Ein wirklich österliches Geschenk!

Bereit sein zu lernen

Lernen im Leid

Nachdem sie gerade eine schwierige Phase ihres Lebens durchlitten hatte, fragte mich eine noch junge Frau: Kann man wirklich nur im Leid lernen? Kann ich denn nicht auch in der Freude etwas für mein Leben lernen? – Wem ist diese Frage wohl noch nicht gekommen? Mir stellte sie sich zumindest schon oft. In meiner Erinnerung gehe ich vielen schönen Erlebnissen noch einmal nach: freudige Überraschungen, unerwartete Geschenke, geglückte Beziehungen, das Geschenk einer kostbaren Freundschaft – wieviel Neues ist mir in solchen Situationen plötzlich aufgegangen! All diese schönen Erlebnisse, die uns tief in der Seele anrühren, wecken unsere ganze Lebendigkeit auf, befreien uns zur Kreativität und bringen Bewegung in unser Leben. Es ist wie eine Lebensquelle in uns, die plötzlich zu sprudeln beginnt und alles zum Blühen bringt, wo man bis dahin nur Wüste vermutete. Und dann kommt – notgedrungen – die Situation des Loslassens. Schmerzlich einzuüben, hart auszuhalten. Und ich komme nicht drumherum: Alles, was ich unbedingt festhalten will, zerrinnt mir in der Hand. Es ist, als würde die Quelle zugemauert, und es erfordert viel Mut, weiterzugehen, nicht aufzugeben. Gehe ich weiter, gebe ich nicht auf, dann merke ich, dass die Quelle gar nicht zugemauert wurde, sondern dass sie in mein eigenes Leben eingedrungen ist und es in der Tiefe fruchtbar bewässert. Was ich in der Freude lernte, ist im Leid mein eigenes Leben geworden. Und dann öffnet sich eine ganz neue Dimension der Freude.

Keiner ist überflüssig!

Kürzlich las ich einen uralten Ausspruch, den ich höchst aktuell finde. Ungefähr 2500 Jahre vor Christus lehrte im alten Ägypten der weise Ptahhotep: „Sei nicht hochmütig wegen deines Wissens, sondern berate dich mit dem Unwissenden wie mit dem Wissenden." Fast 3000 Jahre später taucht in der Benediktregel ein Satz auf, der mit dieser alten Weisheit zusammenklingt, dass nämlich Gott oft einem Jüngeren – und damit Unwissenderem – zeigt, was das Bessere ist. Darum soll er bei den Beratungen der erfahrenen Mönche gehört werden. Und noch einmal 700 Jahre später greift die heilige Klara in ihrer Regel diese Aufforderung auf und wünscht, dass bei den Beratungen des Klosters die jüngeren genau so wie die erfahrenen Schwestern gehört werden sollen.

Ein Erfahrungsschatz, der die Jahrtausende durchzieht. Und die Quintessenz: es gibt niemanden in einer Familie, einer Gruppe, einer Gesellschaft, der überflüssig wäre. Im Gegenteil, jeder einzelne ist notwendig für das Ganze. Jeder und jede – gleichgültig auf welcher Stufe einer hierarchischen Ordnung, gleichgültig auf welchem Bildungsniveau – jeder und jede ist unverzichtbar bei der Suche nach den rechten Entscheidungen und nach dem Weg, den eine Familie, eine Gruppe, eine Gesellschaft einschlagen sollte. Ein fast 4500 Jahre alter Ausspruch lehrt mich heute, genau hinzuhören – egal, wer es ist, der etwas sagt. Es könnte genau das sein, was wir jetzt brauchen. Und: jede und jeder, der mit mir lebt, ist unverzichtbar und wichtig.

Sich selber hüten

In dem Schafskrimi „Glennkill" von L. Swann klären die Schafe den Mord an ihrem Schäfer auf und machen anstrengende Lernprozesse durch. Unter anderem erlernen sie Aufmerksamkeit. Und am Abend des ersten Unterrichtstages bringt der recht erfahrene Widder Melmoth ihnen etwas höchst Unschafhaftes bei: nämlich, sich nicht hüten zu lassen. „Aber das geht nicht", blökt eines der Schafe. „Es passiert einfach in den Beinen." „Es passiert, weil ihr es passieren lasst. Sie können euch nur hüten, weil ihr euch nicht selbst hüten könnt. Vergesst die Herde. Vergesst die Hunde. Hütet euch selbst!" Bis in die Abenddämmerung üben die Schafe, sich nicht hüten zu lassen.

Herdentrieb, hier also der Trieb, sich von andern hüten zu lassen, ist uns nur zu vertraut. Wir sprechen über die Ungerechtigkeiten in der Welt, prangern untereinander das Verhalten der eigenen Regierung an, beklagen manche Zustände in der Kirche und der eigenen Lebenssituation – und dann passiert es einfach in den Beinen: wir laufen einfach weiter mit, murrend zwar, aber wir ändern nichts. Die Schafe lernen nicht, wegzulaufen und die Herde zu verlassen. Sie sollen auch nicht einfach in die Gegenrichtung gehen. Sie sollen vielmehr lernen, sich selbst zu hüten, das heißt: in eigener Verantwortung und eigener Entscheidung die Richtung zu nehmen, die sie für richtig halten – und dabei zwar die Herde nicht zu verlassen, sich aber weder von ihr noch von den Hunden hüten zu lassen. Was Schafe lernen können, kann doch für uns nicht zu schwierig sein.

Von den Dingen lernen

Am Ende des Gespräches mit einer jungen Frau, die viele Stunden ihres Tages in einem Büro arbeitet, meinte sie, fast etwas wehmütig: „Sie haben es gut! In Ihrem Alltag sprechen alle Dinge von Gott und dem Leben mit ihm – in meinem nicht." Und auf die Frage, welche Dinge denn ihren Alltag füllen, meinte sie: „Zum Beispiel so ein Kugelschreiber ...", den sie gerade in der Hand hatte, um etwas in ihren Kalender einzutragen.

So etwas wie Kugelschreiber gibt es in meinem Leben im Kloster auch. Nicht die Dinge sind anders – auf meinem Schreibtisch liegt vermutlich Ähnliches herum wie in einem Büro und in unserer Küche steht Ähnliches wie in einem normalen Haushalt. Nicht die Dinge sind es, die sprechen, sondern wir sind es, die in ihnen lesen und sie verstehen.

Was könnte ich von einem Kugelschreiber lernen? Ein Stift mit einer kleinen Kugel an der Spitze, die sich leicht dreht. Und im Drehen nimmt die Kugel an der einen Seite Tinte auf, die sie sofort wieder an ein Blatt Papier abgibt. Und das in einem beständig wiederkehrenden Prozess von aufnehmen und abgeben. Nur weil die kleine Kugel sich drehen lässt in der Bewegung über das Papier, nur weil sie immerzu empfängt und wieder loslässt, was sie empfangen hat, kann sie eine Botschaft aufs Papier bringen. Und gerade das ist es, was das Leben lebendig macht: etwas empfangen und wieder loslassen. Sobald ich etwas nicht loslassen will, gerät alles ins Stocken, trocknet das Leben ein – wie beim Kugelschreiber. Das hat etwas mit Gott zu tun!

Wer ist schuld?

Manchmal habe ich das Gefühl, als lebten wir gar nicht unser eigenes Leben, sondern ließen es von anderen leben. Wir haben so viele gute Vorsätze und Pläne, aber die anderen hindern uns daran, sie umzusetzen. Das fängt schon in der Kindheit an: „Die andern sind schuld!" Und damit ist die Verantwortung abgegeben an die andern.

Da sagt jemand: wenn die anderen mich nicht so drängen würden, wäre ich viel geduldiger; wenn die anderen etwas freundlicher mit mir reden würden, könnte ich so freundlich sein, wie ich wirklich bin; wenn die anderen mich nicht immer an die Seite drängen würden, müsste ich mich nicht vordrängen; wenn die anderen anders wären, könnte ich auch anders sein; wenn die anderen ...

Franziskus schreibt seinen Brüdern, dass niemand wissen kann, wie viel Geduld und Freundlichkeit und Bescheidenheit er hat, solange alles nach seinen Vorstellungen läuft. Er sagt: Wenn eine Zeit kommt, da diejenigen, die seinen Wünschen entsprechend handeln müssten, ihm das Gegenteil antun: was er dann an Geduld hat, das hat er und nicht mehr!

Wenn ich mich den Reibflächen im Miteinander stelle und entdecke, wo es etwas zu bearbeiten gilt, wächst die Chance, in die eigene Verantwortung hineinzureifen. „Du Mittel meiner Heiligkeit sei hoch gelobt in Ewigkeit!" pflegte Pater Josef Kentenich in solchen Momenten zu sagen. Tatsächlich, ich sollte den anderen dankbar sein, statt mich über sie zu ärgern. Sie helfen mir, mich selbst zu erkennen. Die Verantwortung für mein Tun liegt allein bei mir.

Bereit sein zu lernen

Die eigene Vergänglichkeit annehmen

Anfang und Ende

Es fällt und fällt immer noch. Das Laub meine ich. Kaum habe ich eine Fläche frei geharkt, kommt ein Windstoß und alles sieht aus wie zuvor. Vergeblichkeit fällt mir ein. Und vor allem Vergänglichkeit, die Vergänglichkeit der Natur, dieser Welt – meine eigene. Auch mein eigenes Leben fällt wie das Laub. Zu allen Zeiten haben Menschen wohl die Vergänglichkeit gefürchtet.

Allerdings scheint in der heutigen Zeit die Angst davor unvergleichlich größer als früher zu sein, da man sie mit aller Kraft aus dem Blickfeld drängt. Doch auch alle noch so schnelle Entsorgung der Laubberge kann dieses Bild des Vergehens nicht beseitigen. Übrig bleiben kahle Bäume. Wenn ich mir allerdings die Zeit nehme – und den Mut, dieses Bild der Endlichkeit etwas geduldiger und näher anzuschauen, dann sehe ich noch etwas anderes: Da, wo die Blätter von den Bäumen fallen, haben sich längst neue Knospen gebildet. Ohne dass etwas endet, gibt es auch keinen neuen Anfang. Ein Wort der Dichterin Hilde Domin sagt es so: „Es knospt unter den Blättern – das nennen sie Herbst." Ist das nicht ein tröstliches Bild dafür, dass alles Vergehen in der Natur, mein eigenes Vergehen als Teil dieser Natur immer auch schon den Ansatz für neues Leben in sich trägt?

Tägliches Sterben

Auf Neues, Unbekanntes in unserem Leben bereiten wir uns normalerweise etwas vor. Dabei ist wohl die schwierigste Übung, sich auf den Tod vorzubereiten: vom ersten Moment unseres Lebens an bereitet sich in uns dieser letzte Moment unseres Lebens vor. Und obwohl er in allem präsent ist, bleibt er uns fremd und macht Angst. Mit ihm etwas vertrauter zu werden, könnte helfen, ihn leichter als zum Leben dazugehörig anzunehmen.

Solch eine Einübung des Sterbens ist mir das Verzeihen geworden. Dabei geht es nicht darum, über Verletzungen einfach hinwegzugehen. Und es geht auch nicht darum, eine eventuelle Schuldfrage zu umgehen oder Negatives in rosa Licht zu tauchen. Die Realität ist, wie sie ist. Mit dem Verzeihen meine ich meinen Umgang mit dem, was an mir geschehen ist an Verletzung. Es hängt oft von meiner eigenen Entscheidung ab, ob ich in dem, was da wehtut, bleibe oder damit arbeite.

Es ist schon länger her, da versuchte ich jemandem etwas für mich Schwerwiegendes zu verzeihen. Ich brauchte einige Wochen. Und im Rückblick erkannte ich in dem, was da in mir geschah, die fünf Phasen, in denen Elisabeth Kübler-Ross die Auseinandersetzung mit dem eigenen Sterben zusammengefasst hat. Nachdem ich sie alle durchlitten hatte, war Friede und ein neuer Anfang möglich. Jeder von uns hat täglich etwas zu verzeihen. Und sich in den kleinen Schritten auf dieses Sterben einzulassen, könnte dem Tod vielleicht seinen Schrecken nehmen. Denn am Ende steht die Erfahrung von Frieden.

Hilfe im Alter

Eine alte Frau hatte dafür gesorgt, dass ihr an Alzheimer erkrankter Ehemann in ein Pflegeheim kam, wo sie ihn täglich besuchen konnte, aber nicht die schwere Pflege tragen musste. Dafür hätte ihre Kraft nicht gereicht – weder physisch noch psychisch. Sie erzählte von den moralischen Vorhaltungen ihrer Nachbarn: wie sie nur ihren Mann in ein Altenheim hätte geben können?! Sie hätten doch schließlich bei der Hochzeit versprochen, zusammen zu bleiben. Und wo denn eigentlich die Kinder seien?! Und überhaupt: es sei völlig unchristlich, was sie da täte. – Die arme Frau war mit den Nerven völlig am Ende.

In der Pflege der Kranken an den Rand unserer Kräfte gekommen, lässt auch die nervliche Spannkraft nach. Wir reagieren gereizt. Immer dieselben Fragen des verwirrten Menschen; immer dieselben ermüdenden Aufgaben zusätzlich zum Haushalt, der vielleicht schon an sich unsere ganze Kraft einfordert. Und in einer gereizten, friedlosen Atmosphäre ist kein Lebensraum für einen Kranken, der sich nicht mehr in seiner Welt zurechtfindet.

Wenn die Möglichkeiten häuslicher Pflege erschöpft sind, halte ich es für christlich, ein Pflegeheim zu Hilfe zu nehmen. Den kranken Partner dort aufgehoben sein lassen bedeutet, sich weiter um ihn sorgen, ihn besuchen und ihm das Gefühl geben, für ihn da zu sein. Damit gerät auch die Not der Frau in den Blick, sie braucht nicht nur Arbeitsentlastung, sondern auch Hilfe in ihrer persönlichen Not: in der Demenz des Partners verliert sie ihren Mann, verliert ein ganzes gemeinsames Leben. Da zu helfen, wäre christlich!

Selig der Mensch,
  der Gottes Liebe traut,
  auch wenn sie im Alltag zugemüllt wird,
  der den Staub von seiner Sehnsucht fegt,
  der die Alltagsmühen als Leiter versteht,
  auf der Gott zu uns und wir zu Ihm kommen.

Selig, wer Ihn auch im letzten Winkel seines Lebenshauses
gegenwärtig weiß.

Freiheit gewinnen

Freiheit hinter Gittern

Es ist schon eine Weile her, da wohnte in unserer Nachbarschaft ein junger Mann aus Magdeburg, der hier eine Banklehre machte. Da er in keiner Weise christlich geprägt war, machte unsere Gemeinschaft ihn neugierig. Schließlich fasste er sich ein Herz, und es kam zu einem Gespräch. Anschließend sagte er zu mir: „Sie haben es gut: Sie sind frei! Wir stecken in lauter Zwängen!" Und das sagte er mit Blick auf ein vergittertes Fenster. Was für eine Freiheit mag er gemeint haben? Kürzlich kam mir diese Äußerung wieder in den Sinn, als jemand mir seine Unfreiheit beklagte, – und zwar jemand, dem scheinbar alle Wege offen stehen.

Es gibt eine alte Klostertradition: „Memento mori" – an das eigene Sterben denken. Indem ich mich, so weit ich kann, an das Ende meines Weges stelle, drängen sich die Prioritäten meines Lebens in den Blick: Was soll Bestand haben? Was hält mich fest? Was halte ich fest und kann es nicht loslassen? Wer zählt in meinem Leben? Sich mit dem eigenen Tod, der nun mal unweigerlich irgendwann auf jeden von uns zukommt, zu konfrontieren, hat nichts Lebensverneinendes an sich, nichts Einengendes, sondern im Gegenteil: es klärt den Blick für das Lebendigsein in Freiheit.

Einem Schüler, der Befreiung suchte, gab der Meister den Rat: „Finde heraus, wer dich festgehalten hat." Nach einer Woche kehrte der Schüler zurück: „Niemand hat mich festgehalten." „Warum möchtest du dann befreit werden?" Für den Schüler war das ein Augenblick der Erleuchtung. Plötzlich wurde er frei.

Im Netz

Kennen Sie den Zeichentrickfilm „Findet Nemo"? Darin sind Fische die Hauptdarsteller. Menschen kommen in dieser Meereswelt nur als Bedrohung vor. Am Ende des Filmes gibt es eine für mich eindrucksvolle Szene: Ein ganzer Fischschwarm wird in einem großen Netz gefangen. Und während das Netz nach oben gezogen wird, herrscht innerhalb des Netzes ein zappelndes Chaos. Eine von Panik erfasste Menge. So wie diese zappelnden und in alle Richtungen durcheinander schwimmenden Fische bewegen sich auch manchmal meine Gedanken und Gefühle in bedrohlichen Situationen. Die Lösung im Film ist ganz einfach: Ein Fisch schwimmt außen um das Netz herum und ruft den gefangenen Fischen immer wieder zu: „Schwimmt nach unten!" Schließlich begreifen sie es und schwimmen alle in die gleiche Richtung, der Bewegung des Netzes entgegen. Dabei entwickeln sie eine solche Kraft, dass am Ende das Netz reißt, und sie sind frei. Es könnte tatsächlich helfen, wenn in uns alles durcheinander geht: Die verwirrten Kräfte bündeln und sich in die Richtung konzentrieren, die uns jemand außerhalb des Netzes zuruft. Und worauf könnte man besser in einer solchen Situation hören als auf ein Wort Gottes – um dann am Ende mit Psalm 124 zu beten: „Das Netz ist zerrissen und wir sind frei!"

Der Mensch – ein Pausen-Wesen

Als ich vor kurzem für ein paar Stunden auf unsere Klosterpforte achtete, wurde ich plötzlich Zeugin eines heftigen Streites. Ein junges Paar hatte sich ausgerechnet das Fenster als Hintergrund ihrer Auseinandersetzung ausgesucht, hinter dem ich saß. Ein Wort ergab das nächste, es ging zu wie beim Tischtennis – ohne Pause hin und her. Da ich den Ort nicht einfach verlassen konnte, aber auch nicht lauschen wollte, machte ich schließlich in der Hitze des Gefechtes das Fenster auf und fragte: „Kann ich Ihnen irgendwie helfen?" Das war wohl das Letzte, womit die Beiden gerechnet hatten, sich unversehens einer Nonne gegenüberzusehen. Nach einem verdutzten Augenblick des Schweigens, siegte das Lachen – und die Spannung war gelöst. Ich ermunterte sie: „Versuchen Sie es doch einfach noch einmal." Die Beiden schauten sich an, nickten und gingen miteinander weiter.

Was eine Unterbrechung doch nicht alles bewirken kann! Vor vielen Jahren las ich einmal, dass der Mensch ein „Pausen-Wesen" sei. Manchmal entscheidet eine winzige Pause darüber, ob ich mir meine Würde bewahre. Es gibt Menschen, die behaupten, sie seien Liebhaber des Friedens, doch wenn ihnen jemand kräftig auf die Füße tritt, schlagen sie zu. Wenn ich nur reagiere, gebe ich dem anderen Macht, mein Handeln zu bestimmen. Was hindert mich, eine kurze Pause auszuhalten, um mich zu vergewissern, dass ich nicht nur re-agiere, sondern aus meiner eigenen Überzeugung agiere. Darin läge Freiheit.

Der Krieg fällt aus

In letzter Zeit ist mir vermehrt aufgefallen, wie es Druck verschaffen kann, wenn in kirchlichen Institutionen wirtschaftlich konkurrenzfähig gearbeitet werden muss. Wir können nicht so ohne weiteres aus der Gesellschaft, in der wir leben, aus den wirtschaftlichen Ansprüchen der Geschäftspartner, aus dem Leistungshorizont der uns umgebenden Institutionen aussteigen – doch wie können wir darin unser Christsein leben?

Zur Zeit des Franziskus von Assisi war das nicht leichter als heute. Und er hat damals eine Möglichkeit eröffnet, wie Menschen, die nicht in einen Orden eintreten konnten, auch in der Ehe und außerhalb der Orden geistlich in seiner Spur und damit in der Spur des Evangeliums leben konnten. Es entstand der III. franziskanische Orden für die Laien. Sie waren ein aktiver Teil der Gesellschaft, trieben Handel, leisteten ihre Arbeit und konnten auf ihre Art die damalige Welt verändern. Tatsächlich wird berichtet, dass, als wieder einmal zwischen zwei Städten Krieg ausbrach, der Krieg ausfallen musste, weil in beiden Städten die Mehrheit zu dieser Gemeinschaft des heiligen Franziskus gehörte, die nicht zu den Waffen greifen wollten. Eine Tatsache! Der Krieg fiel aus, weil niemand kam. Haben wir doch den Mut, aus den Machenschaften um Macht, Besitz, Gewalt auszusteigen, die Waffen einfach nicht aufzunehmen und dem Evangelium zu folgen, das Lebensraum für alle schaffen möchte. Unser Alltag kann gar nicht klein genug dafür sein, damit zu beginnen.

Lachen

Humor hilft oft, die düsteren Seiten des Lebens etwas aufzuhellen. Allerdings gelingt es nicht immer. Vor kurzem bekam ich mit, wie es misslang: Einer machte sich über einen anderen lustig. Der Belachte lachte mit. Dann revanchierte er sich mit einem Scherz über den anderen, der allerdings nicht lachen konnte, sondern verstimmt weg ging. Manchmal sind die, die über andere lachen, tatsächlich gar nicht in der Lage, über sich selbst zu lachen, und dabei würde gerade das erst wirklichen Humor zu erkennen geben. Georg Lichtenberg soll gesagt haben: „Der Charakter eines Menschen lässt sich aus nichts so sicher erkennen als aus einem Scherz, den er übel nimmt." Über mich selber lachen kann ich nur, wenn ich genügend Distanz zu mir habe, um mich auch mit anderen Augen ansehen zu können. Und darin dann auch noch den Witz zu erkennen, verlangt eine Portion Freiheit von sich selbst!

Jeder Mensch lacht auf seine ganz persönliche Art. Wenn das Lachen aus dem Herzen kommt und völlig arglos ist, dann wirkt es einfach ansteckend. Und sollte mich ein Scherz, der mich meint, etwas verstimmen, ist es eine gute Gelegenheit, vielleicht die Spur der Eitelkeit in mir zu entdecken und sie zu entkräften, indem ich einfach mitlache. Falls es ein Scherz sein sollte, der tatsächlich nicht Humor, sondern eine negative Grundstimmung verrät, kann ich ihn immer noch einfach überhören oder ihm durch mein freies Lachen das Negative nehmen. Aufrichtiges Lachen tut gut und kostet nichts.

Der Hoffnung Raum geben

Verheißungen ...

Vor einiger Zeit sah ich – für mich ganz ungewohnt – Fernsehreklame und erlebte fasziniert eine Fülle an „Verheißungen", die da um mich herum wirbelten. Als wäre ihre Erfüllung dann nur noch ein Problem des nötigen Geldes.

Zumindest im Blick auf Verheißungen gibt es eine Nähe zwischen Werbung und Advent. Auch der Advent hat viel mit Verheißungen zu tun, deren Erfüllung allerdings nicht vom Geld bestimmt wird. Im Gegenteil, die Verheißungen des Advent richten sich an die, die kein Geld haben – oder nicht vom Geld ihren Lebensinhalt abhängig machen.

Wer die wirklichen Bedürfnisse des Menschen, auch in den tieferen Lebensschichten, nicht mehr kennen sollte, kann die Werbung befragen: die Sehnsucht nach gelungenem Leben, nach Wohlergehen und Schönheit, nach Freiheit und Beziehung in Liebe, nach Geborgenheit. Leben, Wohlergehen, Schönheit, Freiheit, Liebe – das alles ist auch Inhalt der adventlichen Verheißungen Gottes. Nur für Geld und in Geschäften bekommt man das alles nicht. Die Spur der Erfüllung dessen, worauf sich unsere Sehnsucht wirklich richtet, ist genau in unserem Alltag zu finden. Es beginnt da, wo wir miteinander aufrichtig leben. Advent – das ist eine uns geschenkte Zeit, in der wir neu miteinander lernen könnten, Sehnsucht auszuhalten, bis wir für die Erfüllung gereift sind. Das Licht – zuerst eine, dann vier Kerzen – wächst langsam im Advent, und wir können die Zeit des Dunkels nicht abkürzen, nur aushalten in der Gewissheit, dass das Licht kommen wird.

Zeit der Hoffnung

In dem Buch „Der Wanderer" erzählt Paulo Coelho von zwei Rabbinern, die im Nazi-Deutschland in beständiger Angst leben, gefasst zu werden. Am Ende werden sie gefangen genommen. Und während der erste Tag und Nacht aus Angst vor dem Kommenden betet, schläft der andere den ganzen Tag. Auf die Frage, wie er denn jetzt schlafen könne, antwortet er: „Um für das, was kommt, genug Kraft zu haben!" Und darauf, ob er denn keine Angst habe, sagt er: „Ich hatte Angst bis zu dem Augenblick, in dem wir gefangen genommen wurden. Die Zeit der Angst ist zu Ende, jetzt beginnt die Zeit der Hoffnung."

Diese Geschichte stand mir spontan vor Augen, als ich von der Erkrankung einer Bekannten hörte. Immer ängstlich um ihre Gesundheit besorgt, zeigte sie sich schon bei dem kleinsten Infekt als eine recht wehleidige Patientin. Jetzt traf sie eine wirklich schlimme Krankheit – weit mehr als ein kleiner Infekt. Und sie geht zum Erstaunen aller völlig verändert damit um: die Zeit der Angst ist zu Ende. Jetzt beginnt die Zeit der Hoffnung!

Angst vor einem Leid, das mich treffen könnte, kann tödlicher sein als das Leid selber. Wenn es mich dann trifft, ist es schmerzlich klar, aber es ist anders: wenn ich darum kämpfe, es anzunehmen, wie es ist, wachsen mir Kräfte zu, die Hoffnung öffnen. Dem Leid, dem Dunkel ins Auge sehen, nimmt ihm die Kraft, mich zu verfolgen. Wenn ich mich ihm stelle, ist die Zeit der Angst beendet und es beginnt die Zeit der Hoffnung – wie mit Karfreitag die Hoffnung auf Ostern beginnt.

Ich bin dafür!

In einer Missionszeitschrift las ich, dass in Brasilien die Diskussion darüber beginnt, in den öffentlichen Gebäuden die Kreuze abzunehmen. Und als Überschrift stand die Äußerung eines brasilianischen Franziskaners: „Ich bin dafür!" Etwas verdutzt über diesen Satz, begann ich zu lesen – und musste ihm Recht geben. Er sagte: Ich bin dafür, dass in den Gerichtssälen das Kreuz abgenommen wird, wo die Armen weniger Rechte haben als die Reichen. Ich bin dafür, dass in den Polizeistationen die Kreuze abgenommen werden, wo die Armen gequält werden. Ich bin dafür, dass in den Krankenhäusern die Kreuze abgenommen werden, wo nur die behandelt werden, die es bezahlen können ... Hat er nicht Recht? Darf man das Kreuz da aufhängen, wo die Botschaft des Gekreuzigten überhaupt keine Rolle spielt? Dann tauchte ein anderer Gedanke auf: Haben wir das Recht, denen, die keine Gerechtigkeit erfahren, die leiden, das Einzige wegzunehmen, das ihnen vielleicht noch Trost und Halt schenken kann? Eine Frage, die ich nicht beantworten kann. Aber das weiß ich: manchmal klammert das konsequente, geradlinige Denken viele Menschen aus. Und genau das sollte im Advent nicht geschehen. Advent ist Erwartung dessen, der für uns arm geworden ist, der eindeutig auf der Seite der Gequälten und Leidenden steht. Ihn erwarten schließt die mit ein, mit denen wir leben.

Advent – Zeit der Erwartung

Der ehemalige Prior von Taizé, Frère Roger, sagte mal: „Nur was glühend erwartet wurde, gewinnt die Dichte der Freude!" Wenn wir also daran denken, Weihnachten so vorzubereiten, dass es wirklich ein Fest der Freude wird, dann müssten wir uns auf die Erwartung konzentrieren, nicht auf die Festvorbereitung. Oder besser noch: die Erwartung wäre dann die Festvorbereitung! Erwarten tun wir das, was uns fehlt, wonach wir uns sehnen. Nur ist es alles andere als leicht, sich im Warten einzuüben, wenn wir in einer Zeit leben, wo fast alles auf Knopfdruck und sofort passiert. Allerdings braucht menschliches Leben immer noch Zeit zum Wachsen, der niemand vorgreifen kann. Und Weihnachten geht es um das Leben. Auch wenn der Weihnachtsmarkt in vollem Gang ist, kann er doch nicht vorgreifen auf das, was Weihnachten ausmacht. Wie auch immer man es nennt: es bleibt ein Adventsmarkt, weil das Leben, das wir erwarten, noch reift. Im Grunde ein herbstliches Bild, das mich an eine Szene aus dem Buch „Drachenläufer" von K. Husseini erinnert: Der kleine Sohn Hassans erzählt: „Einmal, da war ich noch ganz klein, bin ich auf einen Baum geklettert und habe grüne, saure Äpfel gegessen. Davon ist mein Bauch angeschwollen und so hart geworden wie eine Trommel. Es hat schrecklich weh getan. Und Mutter hat gesagt, dass mir nicht schlecht geworden wäre, wenn ich gewartet hätte, bis die Äpfel reif sind. Wenn ich jetzt etwas wirklich gern haben will, denke ich daran, was sie über die Äpfel gesagt hat."

Das Maß der Worte finden

Ein gutes Wort

Vor kurzem fand ich eine Karte mit einem russischen Sprichwort: „Vom Schweigen schmerzt die Zunge nicht" – und ergänzte spontan: und das Ohr auch nicht. Unsere Welt fließt über von Wörtern. Und innerhalb des großen Lärmgehäuses schaffen sich viele Menschen noch ihren persönlichen Klangraum, indem sie mit Kopfhörer auf den Ohren durch die Stadt laufen. Wo man hinschaut, hinhört: Wörter. Vielleicht könnte es in dieser Fastenzeit auch ein Heilfasten an Wörtern geben, eine Wort-Entschlackungskur, damit das eine Wort, aus dem wir leben, – das Wort Gottes – uns erreichen kann.

Vom Schweigen schmerzen Zunge und Ohren nicht, doch: vielleicht schmerzt manchmal vom Schweigen das Herz. Trotz der vielen Worte gibt es zahllose Menschen, die an einem Tag kein einziges Wort hören, das sie persönlich meint. Ein Wort hat die Macht, Leben zu fördern oder zu vernichten, was jeder vermutlich irgendwie schon erfahren hat. Wie schmerzlich, wenn Worte sich entlarven als reines Werbemittel im Miteinander, als Blitzableiter in Spannungen, als Keule im Wortgefecht. – Fastenzeit als Läuterungszeit meiner Worte, damit ein Wort von Herzen kommen und das Herz des anderen erreichen kann. Es müssen nicht viele sein. *Ein* gutes Wort genügt schon.

Blühen statt reden

Eine der Urlaubskarten, die im Laufe des Sommers Urlaubsgrüße in unser Kloster brachten, kam mir jetzt wieder in den Sinn: ein Feld voller Sonnenblumen, und alle Blüten strecken ihre Gesichter der Sonne entgegen.

Nachdem ich eine Stunde lang versucht hatte, einer Gruppe im Sprechzimmer unseres Klosters etwas von Gott zu erzählen, und dabei das Gefühl nicht los wurde, doch immer nur von mir selbst zu reden, fiel mir ein chinesisches Sprichwort ein: „Ich sagte zum Mandelbaum: Erzähl mir von Gott! – und er blühte." Und dann stand mir das Sonnenblumenfeld vor Augen. Wenn's doch so einfach wäre! Da strenge ich mich an, von Gott zu reden, und werde vor lauter Anstrengung immer komplizierter – dabei wäre es doch so viel wichtiger zu „blühen" – d.h. dass ich zunächst mal da bin und dann rede. Und es ist ja tatsächlich so: Was ich einem anderen Menschen in der persönlichen Begegnung mitteile, ist nicht nur eine objektive Information in Worten. Mehr noch geschieht die Botschaft ohne Worte in der Begegnung durch das, was ich bin. Wenn ich vom Licht erzähle und zugleich mein Gesicht voller Schatten ist, weil ich mehr das Dunkel suche als das Licht, wird niemand verstehen, wovon ich rede. Die Botschaft liegt in meiner eigenen Blickrichtung. Was ich anschaue, das wird sich mitteilen. Da nützt es nicht viel an meiner Redetechnik herumzufeilen. Es kommt darauf an, meine Augen auszuwaschen und das anzuschauen, wo ich das Leben erhoffe – wie die Sonnenblume, die ihr Gesicht der Sonne entgegenhält.

Wörter wie Minenfelder

Advent ist für uns im Kloster eine Zeit, in der wir keine Besuche empfangen, keine Gespräche in unseren Sprechzimmern führen, nach Möglichkeit keine Post schreiben und die Weihnachtspost, die wir bekommen, bis Weihnachten aufheben. Eine starke Reduzierung von Wörtern, um der Stille mehr Raum zu geben. Umso stärker fällt bei einem Gang zum Arzt, der manchmal auch im Advent notwendig ist, die Wörterfülle um uns herum auf. Und ich höre, wie bei allem besinnlichen Äußeren – Kerzen, Adventskränze, Lichterketten an den kleinen Häuschen des „Adventsmarktes" – unterschwellig eine Einkaufshektik die Menschen umtreibt. Mir ging ein Ausspruch von Abraham Sutzkever durch den Kopf: „Geh über Wörter wie über ein Minenfeld!"

Manchmal sind die vielen achtlos gesprochenen Wörter wie Minenfelder: bei jedem Schritt Explosionsgefahr. Und jede Explosion hinterlässt Wunden, die zu Narben werden, bleibend empfindliche Stellen.

Weihnachten feiern wir, dass das Wort Gottes Mensch wird. Ein Wort will gehört werden. Doch geht es so leicht unter in den vielen Wörtern. Vielleicht könnte der Advent auch eine Zeit sein, das Hören und Reden neu einzuüben und dabei Worte, die Explosionsgefahr in sich haben, gar nicht erst zu benutzen. Das Wort, das Weihnachten zu uns kommt, ist Leben. Das wäre doch eine schöne Adventsübung: wenigstens ab und zu mal das Wort, das uns auf der Zunge liegt, zuerst danach zu befragen, ob es dem Leben dient. Dann ist die Chance größer, dass wir das WORT zu Weihnachten auch erkennen.

Wortmüll?

Bevor der erste Schnee fiel, begleitete ich eine ältere Mitschwester zum Arzt. Der Bürgersteig war übersät mit Werbezetteln. Fast bei jedem Schritt traten wir auf Worte. Von Franziskus wird erzählt, dass er jeden Papierschnipsel aufhob, weil man mit den Buchstaben darauf vielleicht „Gott" schreiben könnte und er nicht wollte, dass jemand aus Unachtsamkeit darauf träte. Eine Ehrfurcht vor dem Wort, die uns unvertraut ist. Da fiel mir ein, was ich über eine Kunstaktion gehört hatte: ein Künstler hatte den Müll eines Tages untersucht, was so alles im Mülleimer an Wörtern zu finden war. Er listete sie auf, wie oft die gleichen Worte weggeworfen worden waren und welche da im Müll gelandet waren.

Was wir nicht brauchen, was abgenutzt ist oder wovon wir zu viel haben, – das fliegt in den Mülleimer. Auch Worte. Da spricht eine mit der anderen und meint gar nicht, was sie sagt. Da braucht jemand viele Worte und redet doch nicht zu einem anderen, sondern nur von sich selbst. Da verurteilt jemand andere in seinen Worten. Worte für den Mülleimer? Es liegt nicht an den Worten, denn aus den gleichen Worten können wir „Gott" schreiben. Da sagt einer zum anderen: Ich liebe dich, Du sollst leben! Das ist es, was zu Weihnachten geschieht: Gott meint es so ernst mit seiner Liebe zu uns, dass sein Wort Mensch wird. Er nimmt es nie zurück.

Machen wir es doch wie Franziskus: üben wir im Alltag die Sorgfalt mit den Wortschnipseln, aus denen wir füreinander Lebensbotschaften machen können: Du sollst leben!

Selbstverteidigung

Eine aus Japan gebürtige Klarisse erzählte mir vor kurzem etwas über Judo, eine Selbstverteidigungstechnik, die sie in ihrer Jugend in Japan erlernt hatte. Es fasziniert mich. Wenn ich es richtig verstanden habe, geht es darum, die Kraft des Angreifers für die eigene Verteidigung zu nutzen. Wenn also jemand auf mich zustürmt, wäre hier die Taktik, mich ihm nicht entgegenzustemmen, sondern vielmehr seine Bewegung aufzugreifen und ihn so durch seinen eigenen Schwung zu Fall zu bringen. Dazu brauche ich selbst gar nicht viel Kraft. Was ich allerdings brauche, ist hartes Training, um meinen eigenen Körper in seinen Bewegungen zu beherrschen. Außerdem muss ich vermutlich die Richtung des Angriffs kennen.

Das klingt für mich so, als könnte diese Technik auch auf anderen Ebenen sehr wirkungsvoll sein. Da startet vielleicht jemand einen Angriff in Worten gegen mich. Geistiges Judo könnte mir jetzt raten, mich dem Angriff nicht mit einem Wortschwall meinerseits entgegenzustellen, sondern stattdessen den Schwung des Angriffs aufzugreifen. Mich in die Bewegung des anderen einzulassen, ohne mich ihr zu überlassen (dazu ist das Training auch hier wichtig, um meine Dialogfähigkeit und Beweglichkeit zu verbessern), könnte bedeuten, den Angriff vorbeilaufen zu lassen ins Leere und als Gesprächspartnerin etwas aus dem Ganzen aufzugreifen. Es geht ja um Selbstverteidigung und nicht um Sieg, – es könnte also vielleicht sogar eine ganz versöhnliche Kampftechnik sein.

Böse oder nicht?

Es gelingt mir nicht immer, aber manchmal denn doch: das Wort, das spontan aus mir aufsteigt, zurückzuhalten, es erst noch einmal anzuschauen, ob ich es denn wirklich sagen will, und es dann frei zu lassen. Kürzlich war ich heilfroh, dass ich es zurückhalten konnte. Ich wollte gerade eine Schwester mit dem Urteil, ihr Verhalten sei unsozial, kritisieren, als die Kritik erst noch mal in mir zurückblieb. Beim näheren Hinsehen musste ich diese Kritik mir selber sagen. Mein eigenes Wollen hatte mir den Blick auf die andere verstellt: Sie hatte nur etwas genommen, was ich selbst gern haben wollte. Wäre es um etwas anderes gegangen, etwas, was mich nicht weiter betraf, dann hätte ich vermutlich ganz anders reagiert und mich mit ihr gefreut.

Mir fiel eine Geschichte ein, die vor Jahren zu einem unserer Adventskalender gehörte: eine Schnecke ist auf dem Weg nach Bethlehem und erlebt nun alle möglichen Begegnungen. Eines Tages begegnet sie dem Wolf. Er erzählt ihr, dass die Menschen ihn für böse halten. „Warum?", fragt die Schnecke. „Weil ich ihre Schafe fresse." Daraufhin meint die Schnecke nur: „Mich halten die Menschen auch für böse, weil ich die Erdbeeren fresse, die sie selber essen wollen." Unversehens hatte ich mich gut in dieses Schema eingefügt und sah mich vor die Frage gestellt: Wann ist für mich das Tun eines anderen „böse"? Es kann doch nicht nur davon abhängen, ob der andere meine eigenen Wünsche durchkreuzt oder nicht! Ich bin noch nicht fertig mit dieser Frage.

Der Freude eine Chance geben

Freude

In einem Gespräch mit einer Gruppe Erwachsener in unserem Kloster fragte eine Teilnehmerin angesichts der heiteren Stimmung der Schwestern fast entrüstet: „Lesen Sie eigentlich keine Zeitung? Woher nehmen Sie das Recht, fröhlich zu sein, wo es so viel Leid auf der Welt gibt?" – Wie müssen nicht erst Zeitung lesen (auch wenn wir es tun), um zu wissen, dass es viel Leid in der Welt gibt. Das erfahren wir in den Gesprächen in unserem Sprechzimmer. Gibt es ein Recht auf Freude? – Von Mutter Teresa stammt der Ausspruch: „Keine Not, weder eigene noch fremde, darf uns so sehr bedrücken, dass wir darüber auch nur einen Augenblick lang die Freude über die Auferstehung unseres Herrn vergessen!" – und sie hat wohl genug Leid gesehen.

Unsere Freude spottet nicht über das Leid anderer und steht auch nicht dem Leid entgegen. Es geht nicht um Vergnügen, dass ablenken will vom Leid, oder um eine Art Humor, der das Leid nicht ernst nimmt, sondern es geht um eine Freude, die dem Leidenden eine Perspektive offen hält – im letzten auf das Leben hin, das ihm niemand nehmen kann. Jeder Mensch hat wohl das Recht auf Freude, nur spricht er es sich zu oft selber ab. Verderben wir sie uns nicht selbst, die Freude, sonst verdunkeln wir die Welt. Und wem dient das?

Selig der Mensch,
  der sich auf tragende Struktur einlassen kann
  und zugleich die lebendige Lebenskraft nicht vernachlässigt,
  der die Klarheit hierarchischer Ordnung nicht verabsolutiert
  und das bereit gehaltene lebendige Wasser dankbar annimmt.

Ansteckend

Der kleine Jakob ist drei Jahre alt. Seine Mutter saß neben mir. Und er kam herangestürmt, kletterte auf ihren Schoß und erzählte mit Händen und Füßen von all dem Aufregenden, was er mit seinem Vater und seinen Brüdern im Wildpark gesehen hatte. Die ganze kleine Person war Ausdruck reiner überschäumender Lebensfreude und weckte in mir Dankbarkeit für das Leben und Freude am Leben.

Eine andere Situation: An der Ampel stand ich hinter zwei älteren Damen, deren Gespräch ich ungewollt mitbekam. Mit etwas mäkeliger Stimme hieß es da: „Also, was da alles auf den Wegen rum lag und die Papierkörbe nicht geleert. Man konnte sich ja noch nicht mal auf eine Bank setzen, schmutzig wie die waren ..." und ich merkte, wie ich unwillkürlich nach unten sah – und da lag Abfall. Und da auch. Die Mäkeligkeit schlich in meinen Blick und mein Gemüt.

Sind diese beiden Damen die erwachsene Widerlegung der Lebensfreude des kleinen Jakob? Oder eher umgekehrt? Verkörpert Jakob den hellen Blick auf die Wunder dieser Welt, die auch ganz real sind? Was will ich anschauen? Es gibt ein wunderschönes Lied von Reinhard Mey: „Kinder werden als Riesen geboren, / doch mit jedem Tag, der dann erwacht, / geht ein Stück von ihrer Kraft verloren, / tun wir etwas, das sie kleiner macht. / Kinder versetzen so lange Berge, / bis der Teufelskreis beginnt, / bis sie wie wir erwachs'ne Zwerge / endlich so klein wie wir Großen sind!" Es liegt an uns, wofür wir unser Herz öffnen: für die Mäkeligkeit oder die Freude. Beides ist ansteckend.

Freiheit des Friedens

Jedes Jahr zu Ostern fällt es mir wieder ein: Es war vor einigen Jahren am Osterdienstag, Eucharistiefeier in unserer Klosterkapelle. Der Priester geht zur Predigt in die Mitte und schaut uns alle der Reihe nach an. Dann beginnt er ganz langsam zu lächeln. Wir erwidern das Lächeln. Dann wird das Lächeln stärker und wächst zu einem herzlichen Lachen. Und wir alle lachen mit. – Darauf sagt er: „Das ist das Osterlachen. Jetzt brauche ich nicht weiter zu predigen." Allerdings waren wir dankbar, dass er es dann doch noch tat. Es gab eine Zeit, da war es Aufgabe des Predigers in der Osteroktav, die Gläubigen zum Lachen zu bringen, was vermutlich etliche Auswüchse hervorbrachte.

Doch ist darin eine Botschaft, die mir heute noch nahe kommt: Lachen als Ausdruck herzlicher Freude zu Ostern – ja, aber worüber?

Unsere Welt ist zerrissen in Streit und Unversöhnlichkeit. Das weiß ich nicht nur aus den Nachrichten am Radio und in der Zeitung; das weiß ich aus vielen notvollen Gesprächen mit Menschen, das weiß ich aus meinem eigenen Herzen. Für mich ist die freudigste Botschaft der Ostergeschehnisse: der Friede, den der auferstandene Herr schenkt. Sterbend bittet er um Vergebung für seine Folterer und auferstanden spricht er denen, die ihn in seiner dunkelsten Stunde im Stich gelassen haben, den Frieden zu. Einander nicht das zerbrochene Gestern anlasten, sondern in den Scherben gemeinsam die Freiheit des Friedens finden: Darin liegt für mich immer neu österliche Freude, die ich uns allen wünsche!

Mut zum Mangel

Eine Bekannte erzählte mir von der Anstrengung, ein passendes Geschenk für ihr Patenkind zu finden. Die Schwierigkeit bestand darin, dass der Junge einfach alles hatte, was man so haben kann. Die Lösung war am Ende ein Geldschein, für den er sich dann selbst etwas aussuchen sollte.

Unwillkürlich dachte ich an unsere vor einigen Jahren verstorbene Schwester Klara. Sie war kurz nach dem Krieg in das Klarissenkloster an der Scharnhorststraße eingetreten. Damals gab es dort noch keine Zentralheizung; es war also im Winter recht kalt. Eines Tages fragte sie mich ganz verschmitzt, ob ich wüsste, was vollkommene Freude sei? Als ich verneinte, sagte sie: „Wenn es ganz kalt ist und du warm eingepackt im Bett liegst, streck einfach deinen Fuß unter der Decke hervor und zieh ihn nach fünf Minuten wieder ins Warme zurück. Das ist vollkommene Freude." Wer könnte das nicht nachvollziehen?

Es scheint doch gar nicht so schwer zu sein, sich die Fähigkeit zur Freude zu bewahren. Wir müssen nur all das, was uns tägliches Vergnügen bereitet, ab und zu auf Null runterfahren. Wenn es dann nach einiger Zeit wieder geschenkt ist, welche Freude. Es kostet nicht mehr als den Mut, das Alltägliche nicht alltäglich werden zu lassen. Fastenzeit unter dem Aspekt, sich für die österliche Freude der Erlösung zu bereiten, könnte doch geradezu dazu einladen, in manchen Bereichen den Mangel zu wagen, um dann zu Ostern ganz neu bereit zu werden für die Fülle, für das Leben, für die Freude.

Der Freude eine Chance geben

Licht und Schatten

Vor kurzem erinnerte mich eine Besucherin daran, wie sehr wir selbst daran beteiligt sind, wie wir etwas erfahren. Die Frau kam herein und klagte über die Unfreundlichkeit der anderen Menschen. Sie war einkaufen gegangen, und im Geschäft war sie mehrmals angerempelt worden. Dann hatte sich bei der Kasse auch noch jemand vorgeschoben. Als sie mit zwei schweren Taschen beladen auf die Straße trat, bot sich niemand an, ihr zu helfen – obwohl da doch so viele junge Leute herumliefen, die nichts in den Händen und nur ihr Vergnügen im Sinn gehabt hätten – und so ging die Litanei weiter.

Ich wunderte mich etwas, da eine Schwester eine Stunde vorher auch durch die Stadt gegangen war und voller Freude erzählt hatte, wie nett die Menschen doch seien: Die meisten hatten sie freundlich gegrüßt, Kinder sie angelacht, mit ein paar Jugendlichen hatte sich im Vorbeigehenden ein kleiner freundlicher Wortaustausch ergeben – was macht die Welt so unterschiedlich? Vermutlich der Blick, mit dem ich sie anschaue!

Im Gesicht meiner Mitschwester entdeckten die Menschen den Widerschein einer hellen Freude an dem, was sie sah. Und Freude lockt! Im Gesicht meiner Besucherin spiegelte sich Nebel und Schatten. Manchmal kann eigenes und fremdes Leid unser Herz verdunkeln, aber oft bleibt uns dennoch die Möglichkeit, im Blick auf die Welt der Sonne eine Chance zu geben. Wirklich, das Lächeln, das Sie aussenden, kommt zu Ihnen zurück. Und irgendetwas gibt es immer – sei es auch noch so klein – wofür ich danken kann.

Mut zu lebendiger Beziehung

Freundschaft

Manchmal finde ich in meiner Schreibtischschublade Spruchkarten, die ich niemandem schreiben mag, weil mir die Botschaft des Spruches missverständlich erscheint. Auf einer Karte, die mir immer wieder in die Hände fällt und die ich jedes Mal in die Schublade zurücklege, steht der Spruch: „Freunde finden ist leicht, sie behalten ist schwer."

Vielleicht stört mich einfach nur an dem Spruch, dass der Anfang „Freunde finden ist leicht" eine Oberflächlichkeit suggeriert, die gerade Freundschaft für mich nicht hat. Ich würde den Spruch gern verändern: Bekannte finden ist leicht; doch dass aus einer Bekanntschaft eine Freundschaft wird, ist ein Geschenk, zu dem ich etwas beitragen, das ich aber nicht machen kann. Und eine solche Freundschaft hält.

Eines meiner Lieblingstexte ist das „Bekenntnis einer Freundschaft" von Antoine de Saint-Exupéry. Er schrieb diesen Freundesbrief 1941 an den Juden Léon Werth, seinen Jugendfreund, dem er auch das Büchlein „Der kleine Prinz" gewidmet hat. Darin heißt es: „Ich weiß Dir Dank dafür, dass Du mich so hinnimmst, wie ich bin. ... Mein Freund, ich brauche Dich wie eine Höhe, in der man anders atmet." – Vielleicht ist die Spruchkarte doch nicht so ganz falsch: Eine echte Freundschaft, die hält, verlangt, dass ich wirklich bin, die ich bin, und das ist nicht leicht, sondern eher harte Arbeit. Da hat Gelten-wollen oder Selbstdarstellung keinen Raum. Eine solche Freundschaft kann mir erschließen, wie kostbar es ist, dass Jesus uns Freunde nennt.

Beziehungsraum

Vor kurzem las ich ein Interview mit dem Künstler Oliver Kruse. Seine Werke gehören in einen Übergangsbereich zwischen Skulptur und Architektur. Ganz einfach definierende Aussagen wurden plötzlich für mich eine ganz spannende Angelegenheit. Bisher dachte ich immer: Ein Raum ist etwas ganz Einfaches: eben Wände um einen Platz herum. In diesem Interview lernte ich dann zum Beispiel, „dass der Raum erst durch die Objekte geschaffen wird, dass ein Gegenstand ohne Beziehung zu einem anderen das Gefühl des Raumes nicht vermitteln kann". Also nicht einfach nur Wände, sondern ein Beziehungsgeschehen. Spontan dachte ich: Was für diese äußeren Räume mit ihren Objekten gilt, lässt sich vielleicht auch auf die inneren Räume der Menschen übertragen. Jeder von uns braucht Lebensraum. Erst wenn Menschen zueinander in Beziehung treten, entsteht ein Raum zwischen ihnen, der nicht nur den äußerlichen Bereich meint.

Wenn ich mir eine kleine Wohnung vorstelle, in der eine Gruppe lebt, in der es mit den Beziehungen nicht stimmt. Das wird eng! Und wenn auf der gleichen Wohnfläche eine Familie wohnt, in der sich alle gut verstehen und es lebendige Beziehungen untereinander gibt, erscheint der gleiche Raum größer. Meine lebendigen Beziehungen zu meinen Mitmenschen tragen wesentlich dazu bei, ob ich für mich genug Lebensraum finde.

Ob das vielleicht auch einfach eine Beschreibung des Himmels sein kann: Himmelsraum in der lebendigen Beziehung zu Gott und in Ihm zu den anderen?

Skulptur und Architektur

Es gibt Menschen, die verbreiten eine angestrengte Atmosphäre um sich herum, und man hat unwillkürlich das Gefühl, dass der Raum eng und die Luft knapp wird. Es sind Menschen, die in irgendeiner Weise etwas für sich beanspruchen, was allen zugute kommen sollte – eben Raum und Luft. Dabei nehmen sie äußerlich nicht mehr Raum ein als andere und verbrauchen auch nicht mehr Luft als andere. Ein Wort aus einem Interview mit dem Künstler Oliver Kruse ließ es mich besser verstehen, was da vielleicht geschieht. Dieser Künstler schafft Werke, die sowohl Skulpturen sind, als auch in den Raum der Architektur gehören. Und er sagte unter anderem: „Skulpturen beanspruchen Raum, Architektur schafft Raum!"

Vielleicht kann man es in ähnlicher Weise auch vom Menschen sagen: In seiner Entwicklung zu einer Persönlichkeit beansprucht er Raum, und das mit gutem Recht. Er braucht diesen Raum für sein Wachsen und Reifen. Doch dann kommt irgendwann der Moment, wo er aus dem Reifen zur Persönlichkeit übergehen muss in die Lebensphase, auch für andere Raum zu schaffen, und ihn nicht nur selbst zu beanspruchen. Offensichtlich gehört zum Erwachsensein auch, die Fähigkeit zu einer Art Lebensarchitektur zu entwickeln. Indem wir zueinander in Beziehung treten, gestalten wir den Raum, den wir gleichzeitig miteinander zum Leben brauchen. Wer allerdings nur mit seiner eigenen Persönlichkeit beschäftigt ist, beansprucht für sich den Raum, der allen zusteht. Es lohnt sich, Raum zu schaffen.

Den Blickwinkel ändern

Welt-Anschauung

Als ich heute morgen die Zeitung aufschlug, fragte ich mich unwillkürlich: wie lese ich sie eigentlich? Sensationslustig und neugierig?: was halt gerade so los ist in Münster und in der Welt; ob jemand gestorben ist, den ich kenne; welche Gräueltaten passiert sind; die letzten Nachrichten vom Sport; (Börsenberichte sind nicht so mein Gebiet) aber was vom Wetter zu erwarten ist? – Und ich erwische mich dabei, dass ich tatsächlich einfach nur neugierig und zugleich etwas distanziert bin. Allerdings, abgesehen davon, dass eine Zeitung ja nun wirklich ein Informationsblatt ist, bietet sie doch mehr, als nur, meine Sensationslust zu befriedigen.

Also fange ich noch einmal von vorne an und versuche, genauer hinzuschauen. Und da sehe ich nicht nur die eher statistische Information über Arbeitslosigkeit, sondern die Menschen, die da ihre Lebensgrundlage verloren haben. Da steht nicht nur die sehr detaillierte Beschreibung eines Verbrechens, sondern die Qual der Betroffenen. Da lese ich nicht nur von einem Wortgefecht zwischen Politikern, sondern empfinde zugleich die Oberflächlichkeit der Blickwinkel, in denen ich die wirkliche Sorge um die Menschen vermisse – eben so, wie ich Zeitung lese. Und mir fällt unwillkürlich ein Satz von Alexander von Humboldt ein: „Die gefährlichste Weltanschauung ist die Weltanschauung der Leute, die die Welt nie angeschaut haben." Und anschauen kann ich die Welt überall – auch in der Zeitung. Ich muss nur wirklich hinschauen.

Nur eine Übung

Eine ältere Mitschwester brauchte in ein paar aufeinander folgenden Nächten meine Hilfe. Als wir uns wieder einmal mitten in der Nacht trafen und mir die Geduld auszugehen drohte, sah sie mich strahlend an und sagte: „Ich habe eine Übung für dich! Komm, ich zeig sie dir!" Spontan musste ich lachen und ließ mir die Übung zeigen: Sie bestand darin, genau das zu tun, was wir die ganze Zeit schon getan hatten, nämlich ihr ganz einfach zu helfen, wieder ins Bett zu kommen. Allerdings, wenn es eine Übung ist, ...! –

Ihre Worte ließen mich grundlegend über das nachdenken, was ich tue und wie ich es tue. Wenn ich etwas plane, egal wie groß oder klein das Unternehmen ist, habe ich eine bestimmte Vorstellung von dem, was da geschehen soll. Was auch immer in diesen Plan nicht hineinpasst, stört und erregt leicht Ärger. Meine Mitschwester hatte es mit dem Wort „Übung" für mich auf den Punkt gebracht: Es ist gut zu planen und das, was vor einem liegt, so gut es geht, zu strukturieren. Doch dann sollte man es auch wieder loslassen und tun, was dran ist. Was dann dazwischen kommt, ist tatsächlich nichts anderes als eine Übung. Bis dahin hatte ich es immer als Störung aufgefasst. Doch als Übung konnte ich es mit viel mehr Schwung angehen. Die negative Energie des Ärgers wandelt sich unversehens in positive.

Versuchen Sie es doch selbst: Machen Sie aus dem, was Sie stört, eine Übung. Und Sie werden merken, wie viel positiver Sie an die ganze Sache herangehen. Es gibt immer etwas zu üben. Wer kann schon alles?

Mitten im Wunder

Eine Geschichte aus der jüdischen Tradition erzählt, wie es geschehen kann, dass man mitten im Wunder dennoch nichts davon mitbekommt: als das Volk Israel von Gott durch das Rote Meer geführt wird und das Wasser an beiden Seiten wie eine Wand steht, sind da mitten in der Menge zwei Männer, Ruben und Schimon, die kein einziges Mal nach oben blicken, sondern immer nur den schlammigen Boden im Blick haben. Die beiden sind sich darin einig: Schlamm, nichts als Schlamm! – Und sie entdecken keinen Unterschied zur Sklaverei in Ägypten, wo sie Ziegel aus Lehm machen mussten und ebenfalls nur im Schlamm steckten. Den ganzen Weg jammern sie, und während sie mitten im größten Wunder laufen, sehen sie nur Schlamm.

Zuerst dachte ich, so etwas könne mir nicht passieren und musste dann doch feststellen, dass mir dieser Schlamm vertraut ist.

Da – entgegen der manchmal gängigen Meinung – in einem Kloster wirkliche Menschen leben, zwischen denen es notgedrungen auch zu Auseinandersetzungen kommt, gibt es manchmal Situationen, wo man plötzlich nur noch die Spannungen sieht: Schlamm, nichts als Schlamm. In jeder Partnerschaft, jeder Familie, jeder Gemeinschaft, eben überall da, wo Menschen wirklich miteinander leben, läuft nicht immer alles nur harmonisch, sondern will die Harmonie erarbeitet werden. Dann kann es passieren, dass wir ermüdet nur noch Schlamm wahrnehmen. Dabei übersehe ich dann völlig, dass ich mitten in einem Wunder bin: Wir sind immer noch zusammen. Ist das denn nichts?

Den Himmel einüben

Als ich erst kurze Zeit im Kloster war, lernte ich von unserer damaligen Äbtissin Schwester M. Coleta, dass manche Arbeiten direkt läuternden Charakter haben. So mussten zum Beispiel einmal zwei Schwestern, die es etwas schwer miteinander hatten und nicht so recht den Weg zueinander fanden, gemeinsam Fenster putzen: die eine von innen und die andere gleichzeitig von außen. Beide wischten den Schmutz ab und sahen sich jedes Mal etwas klarer.

Man kann es lernen, einander anzuschauen, auch wenn die Gefühle rebellieren. Man kann es lernen, das wegzuwischen und wegwischen zu lassen, was unseren Blick aufeinander verzerrt. Und man sollte diese Übung nicht unterschätzen, denn sie hat Ewigkeitswert. In einem englischen Jugendbuch las ich die Geschichte eines Jungen, der sich mit Hilfe seines Computers mit Gott unterhalten konnte. Er hatte einmal aus Versehen „I am" eingegeben – und hörte plötzlich Gott antworten. Das war die Gelegenheit, auf seine vielen Fragen eine Antwort zu bekommen. Eines Tages fragte er Gott, ob es eigentlich eine Hölle gäbe. Und im Buch antwortete ihm Gott Nein, es gibt keine Hölle. Es gibt nur den Himmel. Aber wer mich nicht sehen will, für den ist der Himmel die reinste Hölle!

Vielleicht gibt es in Ihrem Bekanntenkreis jemanden, den Sie einmal zum Fensterputzen einladen möchten, damit anschließend Ihr Blick aufeinander klarer wird. Zu lernen, die anderen sehen zu wollen, auch wenn meine Gefühle es nicht wollen, könnte bedeuten: den Himmel einüben.

Vorprogrammierte Enttäuschung

Oft treffe ich Menschen, die sich in ihrem Leben immer von neuem enttäuscht fühlen. Da gehen sie mit so viel Hoffnung in eine Situation hinein, und nichts tut sich von dem, was sie erhofft hatten. Irgendetwas geschieht zwar, doch nicht das, was man gewünscht hat. Oder geschieht es vielleicht doch? Geschieht es vielleicht nur nicht so, wie man es sich gedacht hatte? Meine eigene Erfahrung ist die, dass unsere Wünsche und Hoffnungen sich viel öfter erfüllen, als wir selbst es merken. Irgendetwas stimmt da mit unserer Wahrnehmung nicht.

Vor längerer Zeit hatte sich Besuch bei uns angekündigt. Eine Schwester erzählte mir hinterher ganz verblüfft: Sie hatte ihren Blick auf eine bestimmte Höhe im Türrahmen eingestellt, wo sie den Kopf des Gastes erwartete. Da saß sie nun und schaute und wartete. Allerdings, er war schon längst im Raum, als sie es merkte. Er war nämlich etwas kleiner, als sie angenommen hatte. Wo sie etwas erwartet hatte, war nichts geschehen, doch der Gast war gekommen. Etwas karikiert zeigt das, wie wir nur zu oft mit Ereignissen in unserem Leben umgehen: Wir wünschen uns vielleicht Hilfe und stellen uns zugleich vor, wie und von wem wir sie bekommen. Dann warten wir, und sie kommt nicht. Doch es kann sein, dass sie längst schon gekommen ist; wir haben sie nur unbemerkt vorbeigehen lassen, weil wir sie woanders suchten. Bevor wir dem Gefühl der Enttäuschung nachgeben, lohnt es sich, erst noch einmal genau hinzuschauen, ob da nicht vielleicht doch noch jemand ist.

Selig der Mensch,
der sehnsüchtig auf das Kommen seines Herrn wartet,
der im Leid und der Mühe des alltäglichen Lebens den
offenen Türspalt wahrnimmt, durch den Er kommt,
der in allem seine Spur aufnimmt.

Am Straßenrand

Vor einigen Jahren starb Kalle. Er schlief – wenn ich mich recht erinnere – unter der Treppe des philosophischen Institutes. Eines Tages, als es für Münster ungewöhnlich viel Schnee gab und die Straßenränder schon Andeutungen von Schneeverwehungen trugen und es wirklich kalt draußen war, kam er zu uns an die Pforte, um sich wie an jedem Tag ein Brot zu holen. Da packt er plötzlich vorsichtig in seine große Jackentasche und sagt zu mir: „Guck mal, der saß im Straßengraben und hat schrecklich gefroren. Da habe ich ihn in die Tasche gesteckt, damit er sich etwas aufwärmt!" Es war ein kleines Rotkehlchen, das sich ganz zutraulich in seine von der Kälte ganz roten Hände schmiegte und sich offensichtlich gut aufgehoben fühlte. Dann steckte er es vorsichtig zurück in seine Tasche – mit einer Behutsamkeit, die mich tief anrührte.

Wie viele mögen an diesem Vögelchen vorbeigegangen sein, ohne zu registrieren, dass es fror! Muss ich auf der Straße leben, um mit denen fühlen zu können, die am Straßenrand frieren? Jemand, der die Kälte kennt und die Perspektive vom Straßenrand aus, nimmt etwas anderes wahr als der, der meist in der Straßenmitte geht und eher den Kopf hoch trägt als nach unten sieht. Franziskus von Assisi sagte im Denken an Weihnachten: Gott ist für uns am Weg geboren. Am Weg, am Straßenrand. Vielleicht kann der Advent als Vorbereitung auf Weihnachten auch dies bedeuten: auf den Straßenrand zu achten und auf alle, die da frieren. Und „Straßenränder" gibt es überall – selbst zuhause.

Vorzeichen ändern

Manchmal gibt es Sätze in der Bibel, die mir fremd bleiben, weil ich sie nicht umsetzen kann. Und ich nage in meinem Alltag an ihnen herum, bis sie sich ganz plötzlich öffnen und eine lebendige Farbe bekommen. Dazu gehört der Satz: Einer achte den anderen höher als sich selbst! Es gibt so viele Menschen, die genau das tun – und darin nie zu sich selbst gefunden haben, weil sie sich selbst gar nicht achten. Das kann doch nicht gemeint sein. Kürzlich zeigte er sich mir in einem völlig anderen Zusammenhang.

In einer Ausbildungsrunde sollten wir einander einen Ball zuwerfen, bis jede ihn einmal in der Hand hatte. Das ging gut. Dann sollten wir derselben Person den Ball wieder zuwerfen – und plötzlich war Spannung im Raum: jede wollte es richtig machen, und der Ball fiel mehrmals zu Boden. Die nächste Runde stand unter einem anderen „Vorzeichen": es ging nicht mehr darum, es richtig zu machen, sondern darum, dass die andere den Ball fangen kann – und siehe da: es gelang.

Dieses Ballspiel hat mich etwas Grundlegendes gelehrt: Die ganze Botschaft des Evangeliums ist eine „Vorzeichenänderung" für alles, was geschieht. Manchmal geschieht das Gleiche weiter wie zuvor, aber das Vorzeichen hat sich geändert: es ist nicht wichtig, wie ich da stehe, sondern: dass es dir gelingen möge! Und das nicht, weil ich mich selbst klein mache, sondern weil ich dem anderen die ganze Aufmerksamkeit widme mit dem Wunsch: dass es dir gelingen möge! Aus diesem Wunsch heraus haben Heilige die Welt verändert – warum nicht auch wir!

Lageveränderung

Vor kurzem besuchte mich eine ältere Dame und erzählte mir von ihrem Alltag. Was sie im Verwaltungsbereich leistet, wäre für einen jüngeren Menschen beachtlich; in ihrem Alter finde ich es schlichtweg staunenswert. Als sie mir von einer besonders verzwickten Abrechnung erzählte, lächelte sie plötzlich ganz verschmitzt und sagte: wenn es unübersichtlich wird, hilft nur „Lageveränderung"! Aus der Menge der Aktenordner, die sie auf einem Tapeziertisch ausgebreitet hat, sucht sie die heraus, die gerade dann aktuell sind, und geht mit ihnen an einen anderen Tisch – und schon kommt der Überblick zurück. So einfach, und doch so wirksam!

Manchmal dringen so viele Anfragen und Probleme auf uns ein, dass sie uns den Überblick rauben und wir nur noch Chaos empfinden. Da kann vielleicht eine „Lageveränderung" helfen: Zunächst herausfinden, was das Problem im Moment ist. Dann das, was dazu gehört und jetzt dran ist, auf einen anderen Tisch ausbreiten, und alles, was sonst noch darum herumschwirrt, weglassen. Vielleicht zeigt sich mir dann plötzlich ein Weg aus dieser neuen Perspektive. In der Mathematik habe ich mal gelernt, dass ich die Lösung erst dann finde, wenn ich die Aufgabe auch wirklich verstanden habe. Das gilt tatsächlich überall.

Den Blickwinkel ändern

Umkehr ist gefragt

Vor kurzem erzählte mir eine Frau etwas erbittert von ihrer Reaktion auf den Papstbesuch in unserem Land. Der Aufruf des Papstes, die Freude des Glaubens neu zu entdecken und die Schönheit des Glaubens zu feiern, ließ sie ihre eigene Wirklichkeit erfahren. Eine deprimierende Familiensituation und dann die Eucharistiefeier in ihrer Pfarrkirche mit fünf älteren Frauen und einem eher schwierigen Pfarrer. Was macht denn die Schönheit des Glaubens aus? Ist damit nur schöne Liturgie gemeint?

Mir fiel die Karikatur ein, die kurz nach dem Papstbesuch in der Zeitung zu sehen war: der Papst ging voran und die Fußspuren, die er hinterließ zeigten in die andere Richtung. Auf den ersten Blick scheint es vielen so zu ergehen: keine Freude, keine Schönheit, es geht nur rückwärts. Wer aber noch einmal richtig hinschaut, sieht etwas ganz anderes. Selten habe ich es so gut ausgedrückt gesehen, worum es in der christlichen Botschaft geht: Wir gehen nur dann voran, wenn wir zugleich zu Gott umkehren. Es geht nicht um ein ästhetisches Erlebnis, sondern es geht um die Schönheit des Lebens, die ja genau dann erfahrbar wird, wenn wir umkehren aus Selbstverliebtheit, Besserwisserei und Aktionismus. In dem, was unser Leben verdunkelt, müssen wir nicht hängen bleiben. Die Papstkarikatur sagt es deutlich: Umkehr zu Gott bedeutet Vorwärtskommen. Dann kann ich auch in einer kleinen Gemeinde mit einem vielleicht ungeliebten Pfarrer die Schönheit des Glaubens feiern, weil es um Gott geht.

Priorität des Lebens setzen

Fakten

Die Frage danach, was denn das Leben ausmacht, stellt sich mir immer neu. Und ich komme mit dem Fragen an kein Ende. Vor kurzem war ich unfreiwillig Zeugin, wie sich eine Angestellte bei ihrem Vorgesetzten für einen Fehler entschuldigen und erklären wollte, wie es dazu kommen konnte. Mitten hinein in ihren Erklärungsversuch klang es etwas hart: „Bitte nur die Fakten!", und sie verstummte. Wie es dann weiterging, weiß ich nicht. Doch für mich blieb die Frage: Was sind denn überhaupt Fakten? Sind es die Daten, die man aufzählen kann: Geburtsdatum, Tauftag, Einschulung, Ausbildungsabschluss, Klostereintritt – und irgendwann mein Sterbedatum? Und das war's dann? Man könnte manchmal den Eindruck gewinnen, als zähle nur noch das, was sich elektronisch erfassen lässt.

Eine ganz andere Dimension von Leben hat für mich ein Gespräch mit einem älteren Menschen, der schon etwas verwirrt ist. Die so genannten „Fakten" bekommt dieser Mensch nicht mehr ganz auf die Reihe und will es auch gar nicht. Er erzählt, was in ihm lebt. Und wenn es mir gelingt, mich in die erlebte Atmosphäre des anderen einzufühlen, entwickelt sich ein lebendiges Gespräch. Es genügt nicht, auf irgendwelche Fakten zu hören, sondern was da erzählt wird, sind erlebte Gefühle, die im Erzählen eine ganz eigene Geschichte ausmalen wie ein Lebensbild der jeweiligen Situation. Wenn ich mich darauf einlasse, erlebe ich eine wunderbare Begegnung in der Qualität des vollen Lebens – nicht im Skelett der Fakten.

Kürzlich habe ich überlegt, wie mein Testament aussehen könnte. Und zwar wurde ich dazu angeregt durch eine Anekdote über den Pianisten Arthur Rubinstein. Er galt bei seinen Freunden als etwas knauserig. Eines Tages kam er zu einem Treffen mit ihnen zu spät, bestellte ein teures Essen und zahlte, ohne mit der Wimper zu zucken. Auf den erstaunten Blick der Freunde hin sagte er: „Ich habe heute mein Testament gemacht. Alles geht an meine Verwandten und an Wohltätigkeitsvereine. Und ich habe gemerkt, dass ich selbst in meinem Testament völlig leer ausgehe. Da habe ich beschlossen, etwas großzügiger zu mir selbst zu sein."

Eigentlich ist das ja genau der Sinn eines Testamentes, dass es meine Besitztümer an andere verteilt und nicht an mich. Wo liegt dann die Überraschung? Vielleicht darin, dass ich mir normalerweise gar keine Gedanken darüber mache, was denn meinen Besitz ausmacht?

Also habe ich versucht, mein Testament aufzustellen, was recht spannend war, da ich ja keine materiellen Dinge besitze, die ich irgendjemandem vermachen könnte, oder zumindest nur sehr wenige. Der Frage nachzugehen, was mein tatsächliches Vermögen ausmacht, ist eine spannende Frage. Ein Testament zu machen, hilft, meinen Bestand zu ordnen: da sind „Erbschaften", die ich versuchen sollte, loszuwerden. Da sind „Schuldkonten" anderer, die ich längst schon hätte schließen sollen. Wirklich, ein Testament hält mir nicht nur mein Ende vor Augen, sondern mehr noch mein Leben, das ich großzügiger mir selbst gegenüber leben könnte.

Es geht um den Menschen

Ein Zeichen für die Kreativität unserer Zeit scheint mir die Wortschöpfungsfreudigkeit zu sein. Fast täglich gilt es, neue Vokabeln zu lernen. Dabei zeichnen diese neuen Worte ein deutliches Bild innerer Einstellungen zum Menschen, zu dem, was unser Leben ausmacht. Nach wie vor finde ich die Formulierung „Das macht Sinn" einen Verrat an der christlichen Überzeugung, dass nur Gott Sinn schenken kann, da „machen" üblicherweise als „herstellen" verstanden wird.

Ein neues Wort, das ich vor kurzem lernte und das für mich noch einschneidender christliche Grundeinstellung verrät, erreichte mich aus dem Bereich eines (nicht münsteraner) Krankenhauses, das grundsätzlich christliche Leitlinien vertritt: „Humankapital". Unsere Sprache verrät uns und prägt zugleich unser Denken. Worum geht es denen, die in unserer Gesellschaft, in den pflegenden – staatlichen oder kirchlichen – Institutionen Verantwortung tragen, wenn sie an kranke, behinderte, alte, sozial schwache Menschen denken? Eine Pauschalantwort würde vielen in diesem Bereich engagierten Menschen Unrecht tun, doch wenn der Begriff „Humankapital" in den Diskussionen eine Rolle spielt, lässt es mich zumindest manche Entwicklungen leichter verstehen. Offensichtlich geht es ums Geschäft. Vielleicht wäre es gut im Blick auf den menschenfreundlichen Gott, an den wir glauben, umzukehren und neu den Menschen in die Mitte zu stellen, dessen Leben zu verdorren droht.

Langsamer ist schneller

Eine junge Frau erzählte mir von einer Erfahrung, die sie beim Rudern machte: Sie sitzen zu viert im Boot und die Erste gibt den Schlagrhythmus an. Als sie einmal „auf Zeit" rudern wollten, gab für die Hinfahrt eine Frau den Takt an, die das Rudern recht zügig angeht, und für die Rückfahrt eine, die eher langsamer auftritt. Das Ergebnis war frappierend: der langsamere Schlag führte schneller zum Ziel. Während der schnellere Ruderrhythmus die anderen Bootsinsassinnen leicht hektisch werden ließ, fanden sie bei dem weit ausholenden langsameren Schlag ihren eigenen Rhythmus, und es entwickelte sich ein einziger kräftiger Schlag, der das Boot zügig vorantrieb. Langsamer ist tatsächlich schneller.

Lauter Bilder steigen in mir auf: zum Beispiel das Bild der Zugvögel, die lange Strecken nur dadurch überwinden können, weil sie zu einem gemeinsamen Flügelschlag finden, in den alle einschwingen und sich davon mittragen lassen können. Oder ein anderes Bild, das mir jemand erzählte: in einem restlos überfüllten Bahnhof drängten alle zum selben Gleis durch einen schmalen Zugang. Je mehr sie drängelten, umso langsamer ging es voran. Erst nachdem nicht mehr alle die Ersten sein wollten und sich einordneten, kam die Menschenschlange in Bewegung. Vermutlich ist es das: erst wenn nicht mehr alle die Ersten sein wollen, geht es voran. Da hilft nur eins: vor dem, was besonders drängend ist, im Gebet die Prioritäten klären: Erster ist Gott, und er gibt den Rhythmus an – dann kommen alle mit.

Leid verringern

Um uns herum scheint die Welt auseinander zu brechen: Erdbeben an vielen Enden der Erde, Flutkatastrophen, kriegerische oder finanzielle Übergriffe aus politischen Machtspielen. Dazu diese plötzlich aufgedeckten langen Leidensgeschichten von einzelnen Menschen, wie sie das Stichwort „Amstetten" uns in Erinnerung ruft. Und ich nehme um mich herum wahr, wie es immer wieder das Thema in den Gesprächen ist: Haben Sie / hast Du das auch gelesen...? Und jedes Mal die nächste schreckliche Neuigkeit noch zu den vorherigen dazu.

Es ist wirklich schrecklich! Aber, was machen wir mit diesen Nachrichten?

Sprechen wir darüber, um es selbst besser verkraften zu können? Oder ist manchmal vielleicht sogar so etwas wie eine Sensationsgier zu spüren?

Ich sehe nur zwei Gründe, die es rechtfertigen, über das Leid anderer zu sprechen: Ein Grund ist der des Gebetes: Zu wissen, wie sehr Menschen leiden, macht mein Gebet für sie drängend und lässt nicht zu, dass ich sie vor Gott vergesse.

Ein anderer Grund ist, anzupacken, die Not der andern lindern zu helfen – in der Ferne und in der Nähe. Was hilft denn konkret, wenn in meiner Nähe für jemanden plötzlich der Boden wackelt, wenn jemandem in Angst oder Not plötzlich alles weggeschwemmt wird, was bisher seinen Lebensraum bildete? Was stärkt jemanden, der vielleicht am Arbeitsplatz Machtspiele anderer ausbaden muss? Da sind Möglichkeiten für jeden von uns, in kleinen Schritten das Leid der Welt zu verringern, ohne dass wir das große vergessen.

Tradition

Wenn etwas zur Tradition geworden ist, vergessen wir es nicht so schnell. Daran dachte ich, als ich jemanden an etwas erinnern wollte, der spontan erwiderte: „Wie könnte ich das vergessen? Das ist doch schon Tradition geworden!" Gemeinsame Traditionen verbinden. Als „gewohnheitsmäßige Verhaltensmuster" sind sie wie ein lebendiger Faden aus der Vergangenheit, der uns hilft, gemeinsames Tun zu gestalten, ohne immer wieder mit dem Überlegen von vorn zu beginnen.

„Tradition heißt nicht, Asche bewahren, sondern die Flamme am Leben erhalten." Es geht darum, nicht Formen zu erhalten, sondern das, was in diesen Formen wie eine lebendige Flamme lebt. Wie schön, wenn es in einer Familie Traditionen gibt, die ihr Zusammensein prägen. Die Kirche bewahrt viele Traditionen, in denen wir gemeinsam unseren Glauben feiern können. Gerade da, wo uns Worte und Gesten fehlen, um in Gemeinschaft den brennenden Schmerz in Klagegebeten auszudrücken oder auch Ereignisse jubelnder Freude zu feiern, – da helfen oft Traditionen.

„Traditionalismus" ist nicht die Lösung für die heutige Schwierigkeit vieler Menschen, Ehrfurcht vor dem Heiligen zu haben, sondern eher unsere eigene gelebte Ehrfurcht im Miteinander.

Wenn in der überlieferten Tradition eine lebendige Flamme vorhanden ist, wird sie auch den Alltag ein wenig erwärmen. Andernfalls könnte es doch vielleicht eher die Asche sein, und dazu sagt der Prophet Jesaja: „Wer Asche hütet, den hat sein Herz verführt und betrogen."

Stehen oder fallen – das ist hier die Frage

Wie kommt es, dass Menschen sich oft so verhalten, wie sie es tun? Manche können sich drehen und tanzen und sich beugen – und andere können das nicht. Dabei meine ich das nicht im leibhaftigen Sinn, sondern im übertragenen: es gibt Menschen, die im Bett liegen oder an den Rollstuhl gefesselt sind, und es trotzdem in ihrem Wesen können.

Statisch gesehen gilt: ein Körper steht, wenn sein Schwerpunkt über der Grundfläche, auf der er steht, liegt. Sobald der Schwerpunkt sich über den Rand hinaus verlagert, fällt der Körper um. Das lässt sich an jedem Möbelstück ausprobieren.

Und der Mensch? Auch er fällt nach den gleichen Gesetzen um – in jeder Hinsicht.

Wenn dieser Schwerpunkt möglichst tief in uns liegt, können wir uns drehen, tanzen, uns in alle Richtungen bewegen und fallen doch nicht um – im übertragenen Sinn. Wenn unser Schwerpunkt aber in unserem Kopf liegt, wird es heikel: wir können noch nicht einmal riskieren zu nicken, höchstens ganz vorsichtig den Kopf verneinend schütteln, sonst besteht die Gefahr umzukippen. Da behauptet vielleicht jemand von sich, engagiert für die Not anderer zu sein, ist es aber nur vom Kopf her, nicht wirklich aus seiner Lebensmitte heraus. Sobald der, für den er sich engagiert, etwas anderes will, kann er sich nicht darauf einlassen, denn dann fällt er um, weil der Schwerpunkt seiner Haltung zu hoch sitzt, eben im Kopf.

Größtmögliche Standfestigkeit also: vom Kopf ins Herz. Das ist der Weg von der gedachten Theorie in den mit Herzblut gelebten Alltag.

Der Liebe glauben

Sind Sie glücklich?

Es gibt so viel Unglück in der Welt. Und doch frage ich mich, ob die, die jetzt nicht von der Flutkatastrophe betroffen sind, die nicht unter Krieg und Gewalttaten leiden müssen, die nicht arbeitslos sind, die nicht krank sind, kurz: ob alle die, die jetzt nicht von einem Unglück getroffen sind, glücklich sind?

Der französische Psychologe François Lelord schrieb ein Buch über einen Psychologen, der sich darüber wundert, warum in seine Praxis so viele Menschen kommen, die unglücklich sind, obwohl sie allen Grund hätten, glücklich zu sein. Darum macht er seine Praxis vorübergehend zu, um auf einer Reise durch die ganze Welt das Glück zu suchen. Mit 23 Glücks-Thesen kommt er nach Hause zurück. Drei der wichtigsten Thesen werden noch einmal wiederholt: – Glück ist eine Sichtweise der Dinge. – Glück ist, wenn man spürt, dass man den anderen nützlich ist. – Glück ist, eine Beschäftigung zu haben, die man liebt.

Dabei steht mir eine sehr kranke Frau vor Augen, die mit all den Thesen vermutlich nicht viel Glück hätte. Sie ist ganz gewiss nicht glücklich mit ihrer Situation, doch sie ist glaubhaft glücklich in ihrer Situation. Und sie bezeugt mir, dass Glück sämtliche Thesen übersteigt: Glück ist, zu lieben und zu erfahren, dass ich geliebt bin. Dann kann ich auch glücklich sein, wenn ich meine Beschäftigung nicht liebe, wenn ich meine, den anderen nicht nützlich sein zu können, wenn ich krank bin. Zu lieben und geliebt zu werden – verändert unser ganzes Leben. Das ist die christliche Botschaft.

Hauptsache, sie lieben sich!

Im Zahnarztwartezimmer wurde eine Schwester von einer anderen Patientin aus heiterem Himmel gefragt: „Stimmt es, dass die Kirche für zwei Kinder zahlt? Und fürs dritte muss der Priester selbst zahlen?" Bis sie verstanden hatte, worum es ging, milderte die Fragestellerin schon ihren Überfall mit der nachsichtigen Bemerkung: „Wissen Sie, mein Mann und ich, wir sagen immer: Hauptsache, sie lieben sich!" – (Übrigens: Es stimmt nicht!)

Es klang für mich so: Da ist die Kirche, die lieber für die Folgen vermeintlich unsinniger Vorschriften (hier also des Zölibates) zahlt, als sie zu ändern. Welch ein verzerrtes Bild von Kirche!

Einige nennen für den Zölibat (geschichtlich gesehen) finanzielle, andere pastoral-praktische oder asketische Gründe. Wer nur solche Gründe kennt, nimmt den Zölibat lediglich in Kauf. Was ihn ausmacht, berührt auch meine Lebensform: es ist eine Lebensentscheidung für die Liebe zu Gott. Nicht aus den genannten Gründen, auch nicht aus Angst vor menschlichen Beziehungen, sondern aus der Bereitschaft, sich an diesen Gott ganz zu verschenken, der sich an uns ganz verschenkt; bereit, sich in dieser Liebe allen Menschen zuzuwenden; bereit, auch an dieser Liebe zu leiden, wie Gott an seiner Liebe zu uns leidet; bereit zur Treue – eben aus dem gleichen Grund, warum Menschen sich füreinander entscheiden aus Liebe.

Sagt denn eine Frau, wenn ihr Mann eine andere liebt: Hautsache, sie lieben sich? – dabei ist die Liebe ja wirklich das Wichtigste!

Neujahrs-Wunsch

Auch wenn es schon lange her ist, klingt es mir doch noch ganz lebendig im Ohr, wie unsere Mutter uns Kindern, die zum Spielen nach draußen wollten, zurief: Passt aber gut auf! Und schon fast draußen riefen wir zurück: Ja, ja! Ich erinnere mich, dass es mir lästig war. Schließlich fühlte ich mich groß genug, selber auf mich aufzupassen. Und erst viele Jahre später, als niemand mehr hinter mir herrief: Pass aber gut auf!, merkte ich, welche Liebe in diesem Ruf steckte.

Auf das, was besonderen Wert für mich hat, darauf gebe ich Acht. Darin liegen klare Botschaften: ob ich mein Auto mehr pflege als meine Beziehung zu Menschen, ob ich meine Finanzen stärker im Blick habe als die Menschen, mit denen ich lebe, ob ich mich mehr in Absicherungen bewahre oder auf Neues hin wage. Was ist mir wirklich kostbar und wichtig? Unserer Mutter waren wir Kinder eindeutig wichtig. Wir waren kostbar für sie.

Im Alten Testament sagt Mose im Auftrag Gottes zum Volk: „Achte gut auf dich!" (Dtn 4,9) Und dann ruft er sie auf, sich an all das zu erinnern, was Gott für sie getan und zu ihnen gesagt hat. Und wenig später sagt er dann: „Nehmt euch um eures Lebens willen gut in Acht!" (Dtn 4,15). All dass, was Gott getan und gesagt hat, hat in immer neuen Formen diese Botschaft: Wir sind Ihm kostbar, so kostbar, dass Er selber zu uns gekommen ist, damit wir nicht verloren gehen.

Wer immer du bist, der dies liest: Achte gut auf dich in diesem neuen Jahr!, ruft Gott selbst dir zu, denn du bist ihm kostbar. Darum sei es auch für dich selbst.

Um Gottes willen

Unversehens geriet ich in eine erbitterte Diskussion über die „Missstände" in der Kirche. Und die gibt es ja wirklich. Wo Menschen sind, gibt es immer Einiges, was bearbeitet und nach Möglichkeit verbessert werden sollte. Doch nicht alles, was da kritisiert wird, ist falsch, manchmal ist es einfach nur nicht schön. Und bei all dem vergessen wir oft die andere, die göttliche Seite der Kirche. Es geht doch vor allem um Gott, um seinen Weg zu uns und unseren gemeinsamen Weg zu ihm.

Eine Freundin erzählte mir von einer Reise der ganzen Familie, die sich ihr Mann zum runden Geburtstag gewünscht hatte. Der Kunstgenuss der Eltern traf allerdings nicht so die Vorlieben ihrer Kinder, und die ältesten von ihnen setzten sich irgendwann auch ab. Die jüngsten hielten durch. Am Ende sagte der Jüngste mit seinen 9 Jahren ein ganz weises Wort. Er meinte: „Weißt du, Mama, eigentlich fand ich es nicht schön. Aber dann wollte ich es schön finden, wegen Papa – und dann ging es!" Wie viel Kraft steckt in einer lebendigen Beziehung!

So Manches finden wir nicht schön, manche Menschen gehen uns einfach schnell auf die Nerven, manche Situationen sind nur mühsam durchzuhalten. Und wenn wir es für Gott täten? Auch die Menschen, die uns schwer fallen, sind ihm kostbar, und manche Situationen, mit denen wir uns abplagen, dienen seiner Sache. Es wäre doch einen Versuch wert zu sagen: Eigentlich finde ich es nicht schön, aber ich will es schön finden wegen Gott – und dann geht es!

Der Zusage Gottes trauen

Weg aus dem Dunkel

Der Jahreswechsel wirft seine Schatten voraus! Offensichtlich bedrohliche Schatten, denn es sind ängstliche Stimmen, die ich höre: Sorgen angesichts der vielen Kriege in der Welt, der Wirtschaft, des eigenen Arbeitsplatzes, der Gesundheitsreform mit den noch unübersichtlichen zusätzlichen finanziellen Belastungen, Sorgen des Alltags, die angesichts der Zeitenwende offensichtlich ein umso größeres Gewicht bekommen. Die katholische Kirche stellt in ihrer Liturgie am Neujahrstag ein biblisches Segenswort über den Beginn des neuen Jahres, in dem es heißt: „Der Herr segne dich. Er lasse sein Angesicht über dir leuchten!" – Ich denke an einen Menschen, der mich sehr gern hat, wie sein Gesicht von innen her hell wird, wenn er mich sieht – aus lauter Freude, dass es mich gibt. Ist das nicht ein wunderschönes Bild für das, was Segen bedeuten kann? Sorgen verdunkeln oft unseren Blick, und mit bloßer Willensanstrengung kann ich sie nicht loswerden. Doch in allen Sorgen darf ich daran glauben, dass Gott sich an mir freut und sein Angesicht leuchtet, wenn er mich anschaut. Solch ein Blick begleitet uns auf dem Weg ins neue Jahr. Was kann uns da noch passieren? Vielleicht sind ja manche Dunkelheiten auf unserem Weg nur die Schatten seiner Hände, die er bergend über uns hält.

Manche Eltern oder Großeltern schreiben ihren Kindern oder Enkelkindern ein Erinnerungsbuch über ihre ersten Lebensjahre. Geschichten, die nach dem Tod der Eltern kaum noch jemand zu erzählen weiß und die doch so wichtig sind für die Art, wie ich heute die Welt erlebe. Solch ein Buch ist eine Kostbarkeit.

Tief angerührt hat mich, als ich in dem Buch des schwedischen Schriftstellers Henning Mankell – „Ich sterbe, aber die Erinnerung lebt" – das „Memory Book" einer jungen aidskranken Mutter aus Uganda las. Sie schreibt es – wie es viele junge aidskranke Eltern in Afrika für jedes ihrer Kinder tun – für ihre jugendliche Tochter und erzählt ihr, was sonst verloren ginge: woher sie kommt; wie sie als kleines Kind war; in welche Familie sie hineingeboren ist; auf welche Freunde sie sich verlassen kann; wie ihre Mutter als Kind war; und vieles mehr. Das zu lesen, schafft für die Tochter eine lebendige Verbindung zur Mutter in ihrer Geschichte mit ihr.

Könnte nicht auch die Bibel solch ein „Memory Book" sein, das Gott für mich geschrieben hat? Worin er mir erzählt, woher ich komme, zu welcher Familie ich gehöre, auf welche Freunde ich mich verlassen kann, wie die Geschichte Gottes mit uns Menschen gelaufen ist und vieles mehr. Wenn ich es lese, trete ich in eine lebendige Beziehung ein zu dem, der es für mich geschrieben hat, – und je mehr ich darin lese, um so besser verstehe ich auch mich selbst, die Menschen, die Welt. Eine unschätzbare Kostbarkeit, die jedem geschenkt ist, der es annimmt!

Macht das Sinn?

Unsere Zeit wird oft dargestellt als eine Zeit neu aufbrechender Religiosität. Dabei klingt allerdings die Klage mit, dass die Einzelnen sich ihren Glaubenszusammenhang selber schaffen. Wir haben es oft genug gehört: Glaubensinhalte aus den großen Religionen vermischt mit Elementen aus der Esoterik oder irgendwelchen Weltanschauungen werden in Patchworkmanier zu einem individuell gestalteten Glaubenshimmel. Und wenn die Lebenssituation sich ändert, lässt sich auch das Glaubensgefüge anpassen – so kommt man schon durch. Ich kann mir kaum vorstellen, dass so etwas wirklich trägt. Spontan habe ich ein Bild vor Augen: ich schwebe über einem Abgrund und lege mir ein Brett unter die Füße, das ich mir aus einem großen Angebot aussuche, ein Brett, das an keinem Ende verankert ist und genauso schwebt wie ich selbst. Das widerspricht allen Gesetzen der Schwerkraft, die nun mal hier auf der Erde gelten. Mit der Einführung eines verpflichtenden Unterrichtsfaches Wertekunde wird diese Sinnbastelei sogar noch institutionalisiert. *Das macht doch wirklich Sinn!* – Diese Formulierung, die genau dem Beklagten entspricht, gebrauchen oft gerade die Menschen, die es beklagen. Ich glaube, dass Sinn von Gott geschenkt und nicht von irgendetwas gemacht wird. Mich kann nur etwas tragen, was schon da ist, mit guter Verankerung in sicherem Grund, auch wenn ich den nicht kenne. Mich kann nur etwas tragen, was – in dieser Hinsicht – größer ist als ich selbst. Und das ist Gott. – Sprache verrät uns!

Gottvertrauen

So ein Jahreswechsel weckt unzählige Wünsche und Erwartungen, Hoffnungen und Ängste, Spekulationen und Prognosen, wie es wohl weitergehen mag mit uns im nächsten Jahr.

Neues, das beginnt, – und sei es nur ein neuer Tag mit einem neuen Kalender – begleiten wir gern mit guten Wünschen. Was möchte ich Ihnen und mir selbst wünschen? Vielleicht klingt es etwas altmodisch, doch ich halte es für zeitlos: Gottvertrauen. Ja, ich wünsche uns allen, dass wir voller Gottvertrauen in das neue Jahr hineingehen.

Gott vertrauen – das heißt nicht: mir und allen, die ich liebe, wird nichts passieren, es wird uns gut gehen. Gott vertrauen bewahrt nicht vor Unfall oder Krankheit oder all dem, was sonst noch unser Leben erdrücken kann.

Gott vertrauen – das heißt, vertrauen, dass Gott gut ist, dass Er uns nahe ist auf unseren Wegen; vertrauen, dass uns in allem, was uns passiert, nichts passieren wird; dass es uns in allem Schweren dennoch gut gehen wird. Gott vertrauen heißt dem Leben trauen. Das Vertrauen in Gott gibt uns die Kraft weiterzugehen, wo alles zu Ende scheint, und dem eigenen Leben eine neue Chance zu geben.

Ich wünsche Ihnen von Herzen dieses Vertrauen in Gott, dass alles Schöne noch heller und alles Dunkle erträglich macht. Dass Sie in der Gewissheit den Weg in das neue Jahr beginnen, die Dietrich Bonhoeffer in schwerer Zeit so formuliert: „Von guten Mächten wunderbar geborgen erwarten wir getrost, was kommen mag. Gott ist mit uns am Abend und am Morgen und ganz gewiss an jedem neuen Tag."

Geborgenheit

Wann fühlen wir uns eigentlich geborgen? Wenn feste Mauern um uns herum stehen und wir ein Dach über dem Kopf haben? Wenn wir ein festes Einkommen und einen sicheren Arbeitsplatz haben? Wenn Menschen da sind, zu denen wir gehören und auf die wir uns verlassen können?

Wegen Malerarbeiten musste meine ältere Mitschwester ein paar Nächte in einem anderen Zimmer als ihrem gewohnten schlafen. Was tagsüber nicht so schlimm war, wurde in der Dunkelheit der Nacht für sie bedrohlich. Sie wehrte sich gegen den fremden Raum. Schließlich ließ sie sich doch darauf ein und bat mich: „Sagst du denn meinen Geschwistern, dass ich hier bin?" Als ich es ihr versprach, schloss sie beruhigt die Augen und konnte schlafen. – Geborgenheit fand sie in der Gewissheit: Die, die mich lieben, wissen, wo ich bin!

Das gilt auch für mich und für jeden Menschen: Wenn die, die mich lieben, wissen, wo ich bin, dann bin ich in allem, was mir passieren kann, dennoch geborgen. Und ich dachte unwillkürlich, dass diese Worte meiner Mitschwester eine wunderschöne Umschreibung für fürbittendes Gebet sind. Viele Menschen kommen an unsere Pforte, um sich unserem Beten anzuvertrauen und darin Stütze für ihr eigenes Beten zu finden. Und wenn wir für einen Menschen beten, legen wir ihn Gott ans Herz und sagen Ihm: „Sieh doch auf diesen Menschen und auf alles, was ihm am Herzen liegt." Dieses Gebet ist allen möglich – und wir könnten allen, über die wir uns freuen oder um die wir uns sorgen, auf diese Weise Geborgenheit schenken.

Selig der Mensch,
    der weiß, dass das Wesentliche verborgen ist –
    bei sich selbst und bei anderen,
    der dem Stern der Verheißung folgt, der die Menschwerdung
    ankündigt,
    der nicht auf Äußerlichkeiten hereinfällt.

Selig, wer sich auf den Weg der Menschwerdung einlässt –
der eigenen und der anderen und Gottes.

Neubeginn

Ein Jahr geht zu Ende, ein anderes will beginnen. Allerdings, etwas Neues kann nur dann beginnen, wenn ich das Vorherige auch wirklich beendet habe. Das gilt für jeden Tag im Blick auf den vorherigen und erst recht für den Beginn eines neuen Jahres. Knallkörper, Feuerwerk und Sekt beenden nichts, sondern lassen höchstens alte Rechnungen ins neue Jahr hineinreichen.

Es gibt eine Gebetsweise des heiligen Ignatius von Loyola, die mir hilft, einen Zeitabschnitt – sei es ein Tag oder ein Jahr – mit Gott, dem Herrn der Zeit, zu beenden und neu zu beginnen. Es nimmt gar nicht viel Zeit in Anspruch. Es sind drei Gebetsschritte, und jeder beginnt mit der Bitte an Gott, mir die Augen zu öffnen, dass ich wirklich sehen kann und auch sehen will, was da ist: Zunächst all das, was gut war, was mir geschenkt wurde an Schönem, an Freude, an Leben, um dann wenn ich es angeschaut habe, dafür zu danken. Als nächstes all das, was nicht so gut war, was ich versäumt habe, wo es Verletzungen gegeben hat, um auch das Gott zu überlassen. Und dann das, was vor mir liegt. Was an Ungewissem auf mich zukommt, kann ich nicht beeinflussen, doch wie ich damit umgehe, liegt an mir. Bei meiner Taufe wurden mir Ohren und Mund gesegnet, um mich für Gottes Wort und das Bekenntnis zu ihm zu stärken. Was könnte ich Besseres tun, als mich neu in dieses Gesegnet-sein meiner Sinne hineinzustellen, um im neuen Jahr das Leben wahrnehmen und für es eintreten zu können! So wünsche ich Ihnen von Herzen, dass Sie im neuen Jahr mit allem, was Ihnen geschieht, im Segen Gottes geborgen sind.

Vergessen

„Das habe ich doch total vergessen!" Wie oft höre ich das und wie oft sage ich es selber! Dabei sind es nicht nur unwichtige Dinge, die vergessen werden. Wir brauchen Hilfen. Eine Mitschwester legte immer den Deckel eines Marmeladenglases an ihre Zimmertür, wenn sie etwas nicht vergessen wollte. Jemand mit einem vollen Terminkalender erhält die mündliche Einladung zu einer Feier, über die er sich sehr freut. Doch er kommt nicht. Er hat es nämlich seiner Sekretärin nicht erzählt, und sie konnte ihn daher nicht erinnern.

Es gibt ein Vergessen, das nicht mehr in unserer Hand liegt, wenn wir krank und älter werden. Doch normalerweise können wir viel behalten. Was bedeutet es, dass ich manches einfach vergesse?

Vor kurzem las ich, dass das chinesische Schriftzeichen für „vergessen" aus 2 Zeichen besteht: das eine heißt „Herz" und das andere „sterben". Das könnte bedeuten: wenn ich etwas vergesse, dann ist es in meinem Herzen gestorben. Was für ein sprechendes Bild! Wir müssten also nur das, was wir nicht vergessen wollen, in unser Herz bringen. Und das, was wir nicht behalten wollen, was wir manchmal vergeben, aber meinen nicht vergessen zu können, das müssten wir im Herzen sterben lassen. Nicht vergessen – eine Kultur des Herzens.

Wie tröstlich ist das Wort Gottes durch den Propheten Jesaja: „Kann denn eine Frau ihr Kindlein vergessen, eine Mutter ihren leiblichen Sohn? Und wenn sie ihn vergessen würde: Ich vergesse dich nicht", weil wir in Seinem Herzen leben.

Segen gegen Fluch

Manchmal leiden Menschen aneinander, nicht weil sie einander das Leben schwer machen wollen, sondern weil sie einfach in unterschiedlichen Entwicklungsprozessen stehen. Und dann ist es oft schwer, das Anderssein des anderen anzunehmen. Das Urteil über andere loszulassen, wäre die Lösung – für die anderen und für mich selbst. Aber das ist leichter gesagt als getan.

So erzählte mir vor kurzem eine junge Frau, wie sehr sie darunter leidet, dass eine ihrer Kolleginnen sie mit eisiger Missachtung straft, sobald sie mit ihr nicht ganz einverstanden ist. Kommunikation darüber war nicht möglich. Da fiel mir eine Geschichte über den heiligen Franziskus ein. Als er anfing, in den Fußspuren Jesu arm zu leben, revoltierte sein Vater erbittert dagegen, da er ihn gern im Geschäft gehabt hätte. Und jedes Mal, wenn die beiden sich in Assisi auf der Straße trafen, verfluchte der Vater den Sohn. Franziskus konnte sich innerlich nicht dagegen wehren. Da engagierte er einen Armen, der ihn jedes Mal, wenn der Vater ihn verfluchte, segnen sollte.

Gegen manches Negative kann ich mich nicht wehren. Vielleicht könnte es helfen, ein Foto von einem geliebten Menschen in die Tasche zu stecken. Und in den bedrängenden Momenten, wenn ich mich vom anderen eisig missachtet oder verurteilt fühle, dieses Foto aus der Tasche zu ziehen und mich von einem Menschen anlächeln zu lassen, von dem ich weiß, dass er es gut mit mir meint. Es könnte ja auch ein Wort der Bibel sein, in dem Gott mich anlächelt.

Yasi und das Gebet

Das Bild aus dem Weltall, wie der Zyklon „Yasi" in atemberaubendem Tempo auf Australien zustürmte, hatte etwas Endgültiges, Unausweichliches hinsichtlich der Katastrophe. Viele Menschen werden angesichts dieser zerstörerischen Naturgewalt gebetet haben.

Und dann die beruhigende Zeitungsnachricht, dass „gemessen an dem, was angesichts des gigantischen Wirbelsturms hätte passieren können", die Bewohner der bedrohten Gegend noch glimpflich davongekommen sind. Gott sei Dank!

Doch da stand auch: „Jetzt müssen sich die Katastrophenschützer fragen lassen, ob sie ‚Yasi' überschätzt haben." Wie wäre es mit einer anderen Frage: Könnte es sein, dass wir die Kraft des Betens unterschätzt haben? Viele Menschen auf der ganzen Welt haben gebetet. Das heißt: sie haben in ihrer Not Gott vertraut und ihm zugetraut, dass er auch Unabwendbares abwenden kann.

Natürlich ist Beten keine Versicherung gegen Unfall und Unglück. Aber Beten ist eine Kraft, die uns leben lässt. Es bewirkt mehr, als wir mit den Händen greifen und mit den Augen sehen können. Beten als Ausdrucks des Vertrauens in Gott. Und zum Beten gehört: im Vertrauen auf Gott tun, was dran ist. Auch das gab es: Eine Frau, die sich um alte und demente Menschen sorgte, packte nur aufgrund eines unguten Gefühls alle in einen Wagen und fuhr zu einem anderen Standort. Von dem alten Standort blieb tatsächlich nichts übrig. Und in einer der Notunterkünfte wurde ein Kind geboren zur Freude aller. Lasst uns doch einfach mehr beten.

Alltags – Rosenkranz

Bei einer längeren Bahnfahrt fand ich in einem recht vollen Großraumwagen neben einem jungen Mann Platz. Nach einer Weile fragte er mich nach der langen Perlenschnur, die ich an meiner Kordel trage: ein Rosenkranz? Was man denn damit mache? – Und unversehens wurde es um uns herum stiller, und ich fand mich plötzlich vor aufmerksam lauschenden Reisenden erklären, wie man mit dem Rosenkranz beten kann.

Der Rosenkranz bedeutet mir mehr als nur ein Teil meiner Ordenskleidung. Er ist ein Gebetsband meines alltäglichen Lebens, das vieles Erlebte, Gehörte, Mitgelittene von mir und anderen zusammenbindet auf Gott hin. An den Perlen entlang bete ich ein „Gegrüßet seist du, Maria" nach dem anderen. Und in der Gleichmäßigkeit der Bewegung der Perlen schaffen die Gebetsworte einen Raum, in den ich hineingehen kann und wo ich mit dem sprechen kann, der die Mitte dieses Gebetes ausmacht: Jesus. Das führt nicht weg aus meinem Alltag, sondern hilft mir, im Alltag die Richtung nicht zu verlieren. Im Rosenkranzgebet hat einfach alles Platz: Wenn ich mir um einen Kranken Sorgen mache, füge ich in die „Gegrüßet seist du, Maria" ein: Jesus, der die Kranken geheilt hat. Wenn es um ein Kind geht: Jesus, der die Kinder gesegnet hat. Wenn irgendwo Streit ist: Jesus, der Friede Gottes! Wenn jemand den Weg verloren hat: Jesus, Weg zum Leben. – Was immer ich erlebe, was mich bedrückt oder freut: der Rosenkranz kann meinen ganzen Alltag einsammeln und an Gott binden – wie eine richtige Gebetsschnur.

Das eigene Leben leben

Event

Wenn heute etwas Anklang finden will, muss es schon Event-Charakter haben, – so sagt man und bedauert es zugleich. Anfang April gab es einige kirchliche Events: Bischofsjubiläum, Eröffnung des Bistumsjubiläums, Besuch des Liudgerschreins. Und ich muss gestehen, ich habe sie richtig genossen. Es war schön, mit so vielen Menschen gemeinsam zu feiern, zu beten und zu singen, gemeinsam Gott für so viel Gutes zu danken und ihm gemeinsam die Zukunft anzuvertrauen. Sogar das gemeinsame Trauern um den verstorbenen Papst und die Freude über den neuen hatte etwas von dieser Atmosphäre.

Solch ein Event ist im Grunde die Spitze eines Eisberges. Dahinter verbirgt sich noch ungleich mehr. Die gemeinsamen Feiern galten geschenkter Lebensgeschichte und der Hoffnung auf eine gute Zukunft, waren also eine festliche Rast auf dem Weg vom Gestern ins Morgen. Schwierig wird es vielleicht dann, wenn ein Event ein Feierpunkt ist ohne Einbettung in den Weg, zu dem diese Feier festlich Ja sagt, wenn es praktisch eine Gegenwelt zu meinem Alltagsleben ist, ohne Lebenszusammenhang.

Event heißt übersetzt Erlebnis. Gibt es so wenig zu erleben in unserer Welt, dass Einzelerlebnisse solch eine Bedeutung gewinnen? Mir fällt unwillkürlich ein Satz von Curt Goetz ein: „Es gibt keine Leute, die nichts erleben. Es gibt nur Leute, die nichts davon merken." Vielleicht braucht es heute eine neue Sensibilität für den Alltag, der so voller Lebensüberraschungen steckt. Praktisch ist jeder Tag ein Event, wenn ich es nur sehe.

Sind Sie echt?

Wenn ich in den Karnevalstagen etwas in der Stadt zu erledigen habe und durch die Straßen gehe, ist es mir schon mehrmals passiert: Plötzlich bleibt jemand vor mir stehen, schaut mich erstaunt an und fragt ganz direkt: „Sind Sie echt?" Welch eine Frage! Sind Sie das schon mal gefragt worden? Als Karnevalskostüm brächte mir meine Ordenstracht einen der ersten Preise ein. Meiner „Verkleidung" würden viele Beifall zollen. Nur: es ist echt, keine Verkleidung.

Wer sich in diesen Tagen aus reinem Vergnügen abenteuerlich und phantasievoll verkleidet, was tut der oder die? Will er (ich meine jedes Mal auch sie) einmal jemand anders sein, andere verwirren durch eine Maske, sein alltägliches Sein verdecken? Will er unecht sein? Oder ist er vielleicht sogar echter als das ganze Jahr hindurch, weil in seiner Verkleidung ein Teil seiner Persönlichkeit auflebt, der im normalen Alltagsleben völlig untergeht und nicht zur Geltung kommt? Vielleicht können die fröhlichen Maskeraden der Faschingszeit uns auch helfen, dem Echten auf die Spur zu kommen.

Als ich das erste Mal gefragt wurde: „Sind Sie echt?", fühlte ich mich, als wäre ich Teil einer Auslage im Juweliergeschäft. Was echt ist, hat wirklichen Wert. Allerdings hängt der Wert des echten Lebens nicht vom Gehalt an Edelmetall oder Edelsteinen ab, sondern von Gott, der meinen Wert gestiftet hat. Franziskus von Assisi bringt es in einem Satz zusammen: „Was der Mensch vor Gott ist, das ist er, und nicht mehr" – aber auch nicht weniger!

Die Kurve kriegen

Christentum hat von Anfang etwas mit dem Bild des Weges zu tun. Es geht darum, einen Weg zu gehen, nicht schon irgendwo am Ziel zu sein oder sich in der Gewissheit zu wiegen, alles im Griff zu haben. Und wer einen Weg geht, weiß, dass es auf die richtige Richtung ankommt. Suchendes Herumlaufen ist ermüdender als Gehen in eine Richtung, für die man sich entschieden hat. Und das meint nicht nur das Gehen mit den Füßen.

Dass Leben aus dem Glauben dann auch etwas mit dem Verhalten im Straßenverkehr zu tun hat, konnte ich kürzlich von meiner Schwägerin lernen.

Sie machte den Motorradführerschein und erzählte mir von einer wichtigen Erfahrung: Sie sitzt auf dem Motorrad und soll die Autobahn wechseln. Also nimmt sie die Abfahrt und will die schwere Maschine in die richtige Richtung bringen. Aber irgendetwas geht nicht so, wie sie es sich im Kopf gedacht hat. Statt sich in die Kurve zu legen, sieht sie die Mauer am Straßenrand immer näher auf sich zukommen – und leichte Panik steigt auf. Da hört sie den Fahrlehrer per Funk: Den Kopf nach rechts! Und in dem Moment, wo sie den Kopf ganz in die Richtung dreht, in die sie auch fahren will, legt sich die schwere Maschine in die Kurve und es klappt.

Ein sprechendes Bild für unser Leben: Manchmal weiß ich wohl, in welche Richtung ich möchte. Doch es ist ein grundlegender Unterschied, ob ich es möchte oder ob ich es will. Es genügt nicht, nur etwas in die gewünschte Richtung zu schielen. Ich muss mich schon ganz in die Richtung drehen, um die Kurve zu kriegen.

Jazz im Kloster

Schon immer habe ich Jazz sehr gern gehört, doch erst im Kloster lernte ich seine musikalischen Gesetzmäßigkeiten kennen. Es schien mir immer faszinierend, zu hören, wie mehrere Musiker miteinander improvisieren. Später lernte ich dann, dass es eine Rhythmusvorgabe gibt und die Tonartenfolgen festgelegt sind. Auch nachdem ich diese Grundvoraussetzungen des gemeinsamen Musizierens kennen gelernt hatte, verlor der Jazz seine Faszination nicht für mich. Er hat – nicht nur wegen des beschwingten Rhythmus – etwas lebendig Belebendes.

Irgendwann, als es mir in meinem Klosterleben mal zu eng wurde, bekam er eine neue Bedeutung für mich. Jazz spielen ist wie im Kloster leben: da ist eine Gruppe von Menschen, die miteinander musizieren und sich dabei auf einen gemeinsamen Rhythmus und eine bestimmte Tonartenfolge einigen. Im Kloster ist es nicht anders: es gibt die Absprachen, die den Lebensrhythmus bestimmen, und es gibt Vorgaben für den Inhalt. Doch dann muss jede einzelne „Mitspielerin" anfangen, mit ihrem Leben, ihrem Musikinstrument entsprechend, zu improvisieren. Das heißt: zu hören, welche Melodie Gott selbst in ihr spielt, um dann in der Tonart der Gemeinschaft die ganz eigene Melodie zu schaffen. Tut sie es, dann ist das Ganze belebend lebendig – nicht nur für die, die spielen, sondern auch für die, die zuhören. Das gilt für alle Menschen, die verbindlich miteinander leben, gerade auch in der Ehe. Also, nur Mut zur Improvisation, zur ganz eigenen Melodie im Zusammenklang mit den anderen!

Das eigene Leben leben

Klein sein – und umgekehrt

Viele Menschen leiden darunter, dass andere sie klein machen. Und sich klein gemacht fühlen, lässt sie krank werden. Mahatma Ghandi sagte: „Ich werde nie verstehen, warum einige sich groß fühlen, weil sie andere klein machen!" Heißt das, dass diejenigen, die z.B. die Mitarbeiterin mobben, sich im Grunde kleiner fühlen als sie? Oder die andere mit ihrem Schimpfen an die Wand drücken? Versucht jemand nur deswegen Macht auszuüben, weil er sich sonst schwach fühlt?

Vor kurzem bekamen wir ein schönes Kinderbuch geschenkt über den kleinen Herrn Paul. Er erfährt sich als zu klein, zu schwach im Vergleich mit den anderen, die alle so viel größer und stärker sind. Er leidet darunter und träumt sich größer und stärker. Die Quintessenz am Ende ist: „Klein sein ist wie groß sein, bloß umgekehrt. Schwach sein ist wie stark sein, bloß umgekehrt." Zuerst war ich bei diesem Ergebnis etwas verdutzt, aber es stimmt. Das Problem ist nicht, ob ich klein oder groß bin, sondern dass ich mich mit anderen vergleiche, die dann vielleicht größer und stärker als ich sind. „Die Erde dreht sich um sich selbst, und jeder findet seinen Platz. Mal groß, mal klein, mal umgekehrt." Gegen den ankämpfen, der mich klein macht, hilft nicht. Besser ist es, sich auf die eigene Größe zu besinnen, die ich mit niemandem vergleichen muss. Andere können mir das Leben schwer machen, aber sie können mich nicht kleiner und sich selbst nicht größer machen. Das kann nur Gott, und von ihm heißt es im Psalm: „Du neigst dich mir zu und machst mich groß."

Fassaden

Manche Menschen erinnern mich an die Häuser am Prinzipalmarkt. Von unserm Kloster aus kann man die vorgesetzten Fassaden erkennen, die das Haus von vorn ganz anders aussehen lassen, als es in Wirklichkeit gebaut ist. Was bei den Häusern des Prinzipalmarktes den Schutz alter Stadterinnerungen betrifft, wird beim Menschen unter Umständen tragisch. Da wird vielleicht eine Fassade mit allem Aufwand gepflegt, und was ist dahinter?

Vor einiger Zeit zeigte mir eine junge Frau ihre Bewerbungsunterlagen, die sie einer Firma zuschicken wollte. Nach so vielen Jahrzehnten Klosterleben war ich einfach nur interessiert, was heute in einer Bewerbung stehen sollte. Sie sah meinen kritischen Blick und erklärte mir, dass das heute so sein muss. So ungefähr von der ersten bis zur letzten Seite pries sie selbst ihre Vorzüge und Kenntnisse an, die für eine Aufnahme in diesen Betrieb sprachen. Ich kenne sie lange genug, um zu wissen, dass ihre Anpreisung durchaus den Tatsachen entsprach. Aber meine Erziehung hätte es mir verboten, mich selbst so darzustellen.

Unwillkürlich fragte ich mich, ob sie nicht viel ehrlicher war als ich. Zwar hätte ich nicht so direkt geschrieben, wie gut ich bin, hätte aber vermutlich gehofft, dass andere es tun.

Mir standen plötzlich Menschen vor Augen, die ganz bescheiden auftreten und in ihren Ansprüchen ganz und gar nicht bescheiden sind. Sie pflegen ihre Fassade der Bescheidenheit. Oder andere eine Fassade der Frömmigkeit. Vielleicht brauchen wir manchmal eine gepflegte Fassade – wie der Prinzipalmarkt –, aber auch dahinter sollte es stimmen.

Geben, was ich habe

„Es ist nicht alles Gold, was glänzt." Das Sprichwort kennt so ziemlich jeder. Was glänzt nicht alles um uns herum: vom frisch geputzten Auto bis hin zum aufpolierten Image. Und auf manchen Glanz fällt man herein. Doch bei etwas längerem Hinsehen kommt das zum Vorschein, was wirklich drin ist.

Jemand erzählte mir, wie sehr ein Mitarbeiter im Betrieb die Atmosphäre vergiftet durch die Art und Weise seines Redens. Er gebraucht alle möglichen und unmöglichen Schimpfworte und bedenkt damit die anderen, die sich auf dem Niveau nicht zu wehren wissen, wohl aber darunter leiden. Man kann sich doch nicht den ganzen Tag die Ohren zuhalten, wenn man miteinander arbeiten soll!

Manchmal hilft es, sich bewusst zu machen, dass der, der so redet, von sich redet – und nicht von den anderen. Wer mich beschimpft, sagt etwas von sich selbst, nicht von mir. Es ist wie in einer Geschichte, die Paulo Coelho erzählt: da tauchte eines Nachmittags ein Weiser in Akbar auf. Es dauerte nicht lange, da wurde er von den Einwohnern des Ortes ausgelacht und verspottet, weil niemand seine Lehren ernst nahm. Eines Tages steigerte sich die Verspottung zu wüster Beschimpfung – doch der Weise ging ruhig weiter und segnete sie. Schließlich meinte einer der Männer, die ihn beschimpften: „Bist du eigentlich taub? Wir werfen dir die schlimmsten Wörter an den Kopf, und du antwortest nur mit so schönen Worten!" „Jeder von uns kann nur geben, was er hat", gab der Weise zurück. Wie auch immer jemand redet: er kann nur geben, was er hat.

Gemeinschaft der Kirche suchen

Was bleibt vom Fronleichnamsfest?

In einem Zugabteil bekomme ich mit, wie ein junges Paar nach dem Grund für das verlängerte Wochenende sucht. Schließlich findet er ihn: „Fest der Einheit". Da muss ich mich einfach einmischen: „Fronleichnam!" Strahlend bedanken sie sich. Sie: „Ach ja, da zieht man doch das Kommunionkleidchen noch mal an!" Er: „Und man bleibt, glaube ich, viermal stehen." – Fantastisch, was von solch einem Fest im Gedächtnis der jungen Leute geblieben ist!

„Fest der Einheit": Im Mittelpunkt des Fronleichnamsfestes steht die Eucharistie – und sie nennt man auch das Sakrament der Einheit. Und das „Kommunionkleidchen": es erinnert an den Tag der Erstkommunion. Worin ich mich kleide, ist nicht unwichtig. Es gibt Aufschluss über mich selbst. Wie schön, wenn ich mit dem Fronleichnamsfest etwas verbinde, was hinter allem Äußerlichen meine erste Begegnung mit Jesus im Sakrament der Eucharistie meint. Und „vier mal stehen bleiben": Bei der Fronleichnamsprozession wird viermal Station gemacht. In alle vier Himmelsrichtungen wird der Segen gespendet – praktisch in alle Welt.

Wenn ich das vom Fronleichnamsfest mitnehme, ist das viel: In der Eucharistie mich der Einheit mit Gott und allen Glaubenden zu öffnen; es in der Haltung meiner ersten Begegnung mit Jesus im Geheimnis des Brotes zu tun und mich der ganzen Welt, allen Himmelsrichtungen, segnend zuzuwenden, das heißt: allen die Liebe Gottes zuzusprechen. Ich bin dem jungen Paar dankbar, dass sie mich auf diese Gedanken gebracht haben.

Leben in der Kirche

Von klein auf gehöre ich zur katholischen Kirche, doch zum Leben wurde sie mir erst, als ich in diesen Orden eintrat. Dazwischen liegt eine lange Zeit der Suche, die wohl bis zum Tod nicht abgeschlossen ist. Leben in der Kirche hat für mich viele Facetten: Da ist die Botschaft vom lebendigen Gott, der mir im Handeln der Kirche entgegenkommt. Da sind die vielen Gelegenheiten, mit anderen zusammen, auf das Wort Gottes zu hören. Da ist das gemeinsam gesungene Lob Gottes, das auch immer wieder das eigene Herz in Schwung bringt. Da sind die unzähligen Möglichkeiten im Raum der Kirche, gemeinsam anderen zu dienen. Und – natürlich – da sind auch die vielen „Menschlichkeiten" und manche Engführungen, die manchmal der Weite des Evangeliums zu widersprechen scheinen und mich stolpern lassen. In einer Situation des „Stolperns" fand ich einmal ein Gebet von Marie Noël: „Herr, Du hast mich, wie der Gatte die junge Gattin, in das Haus, das sie nicht kennt und das die Schwiegermutter regiert, Du hast mich, um mit Dir zu leben, in das Haus der Mutter Kirche geführt. (...) Es ist gut, dass sie mich überwacht und dass sie mich hindert, zu leicht ein wenig töricht zu sein an Deiner Seite. Sie weiß besser als ich, was sich gehört. Aber Du, mein Herr, den ich liebe, Du, sage ihr doch, dass sie mit ihren mächtigen Händen meine Brust nicht zu sehr beklemmt, dass sie mich ein wenig atmen lässt. Wenn Du es ihr sagst, mein Herr, wird sie auf Dich hören, auf Dich, den sie liebt." Darum können wir froh und dankbar in dieser Kirche leben: Ihr Leben ist die Liebe.

Botinnen des Lebens

Ist es nicht wunderbar, wie in den Osterevangelien die Frauen einiges in Bewegung bringen? Während die Apostel sich (vermutlich) aus Angst hinter verschlossenen Türen verschanzt haben, wagen sich die Frauen schon in der Morgenfrühe, als es noch dunkel ist, hinaus zum Grab. Sie sind die Ersten, die merken, dass da etwas geschehen ist. Sie laufen zurück, um es den Jüngern zu erzählen. Die kommen auch, allen voran Petrus, und schauen nach und – gehen zurück. Die Frauen bleiben und suchen und halten aus in ihrer Trauer. Sie kehren nicht zum Alltagsgeschäft zurück. Sie sind dann diejenigen, die auch die Engel sehen und die Botschaft des Lebens hören. Sie sind es, mit denen Jesus zuerst spricht und die von Ihm zu den Jüngern geschickt werden, um sie in Gang zu bringen.

Es erinnerte mich unwillkürlich an einen Reisebericht von Bruce Chatwin, der viel Zeit bei den Nomaden verbracht hat. Nach einem längeren Zug durch die Wüste erzählte ihm der Scheich, dass es die Frauen seien, die nicht zuließen, dass sie sich am Rand der Wüste niederließen. Sie seien der bewahrende Teil in ihrem Stamm und sorgten dafür, ihr Unterwegssein in Gang zu halten. Bewahrung – hier als Aufgabe der Frauen – kann Bewegung sein.

Das könnte doch auch für uns Frauen heute in der Kirche eine ganz österliche Aufgabe sein: die Bewegung zu bewahren, auszuhalten im Suchen, voll Hoffnung, um sich dann vom Auferstandenen finden zu lassen und die Botschaft weiterzusagen. Dazu sind wir schon kraft unserer Taufe gerufen.

Baustelle Dom

„Wie kann man nur den Dom so lange schließen!" Diese mehr oder weniger empörte Äußerung macht mich nachdenklich. Natürlich, auch unser Konvent vermisst das Beten im Dom. Aber, dass der Dom geschlossen ist, hat ja einen Grund; denn es konnte nicht mehr einfach so weitergehen: viele konnten das verkündete Wort nicht mehr verstehen, das Licht reichte nicht aus, es war nicht warm genug ... Wohlgemerkt, ich spreche über die Domrenovierung, in der eine neue Beleuchtungs- und Lautsprecheranlage installiert wird, die defekte Heizung ausgebessert und die Wände (samt den Heiligen) von Ablagerungen der Zeit befreit werden. Allerdings ist dieses Renovierungsvorhaben auch auf die gesamtkirchliche Situation anwendbar; auch da kann es nicht einfach so weitergehen: Das Licht scheint schlecht zu sein, zumindest scheinen viele den Weg nicht mehr sehen zu können. Mit dem Hören klappt es nicht so – weder auf Gottes Wort noch aufeinander. Und warm ist es auch nicht gerade, eher etwas zugig.

Was im Blick auf den Dom relativ einfach ist – da kann man die entsprechenden Firmen engagieren –, wird auf die Gesamtkirche bezogen etwas schwieriger. Die Renovierung der Kirche aus „lebendigen Steine" beginnt bei uns selbst, den Gläubigen. Wir sind gefragt, im Alltag etwas für unsere Augen und unsere Ohren im Miteinander zu tun, etwas persönliche Energie für Wärme einzusetzen und alte Ablagerungen abzubauen. Das wäre doch noch ein gutes Vorhaben für die Fastenzeit: Kirchenrenovierung.

Selig der Mensch,
der auch im geistigen Bereich
mit der Mülltrennung umgehen kann –
in die Recyclingtonne die Kritik,
die als Wertstoff weiterverarbeitet wird, –
in die Biotonne, was er selbst von sich
in die Fruchtbarkeit des Lebensbodens für andere einsetzt, –
in die Restmülltonne den ganzen Rest,
der niemandem dient.

Selig der Mensch,
der weiß, dass es vor Gott gar keinen Müll gibt,
sondern nur Wertstoff.

Humor in der Frömmigkeit

Wussten Sie schon, dass die heilige Klara von Assisi die Patronin des Fernsehens ist? 1958 hat Papst Pius XII. sie dazu ernannt und ihr dieses Medium damit besonders ans Herz gelegt. Der Grund dafür ist ein mystisches Erlebnis der Heiligen, das sie ihren Mitschwestern erzählt hat, und diese haben es uns überliefert: In der Weihnachtsnacht 1252, ihr letztes Weihnachtsfest vor ihrem Tod, hat sie von ihrem Krankenbett in San Damiano aus die Weihnachtsfeier der Brüder in San Francesco miterlebt – sie hat die Krippe dort gesehen und den Gesang der Brüder gehört. Ein echtes Fernseherlebnis.

Und von Elija, dem großen alttestamentlichen Prophet, sagt Elischa, sein Prophetennachfolger, dass er in einem feurigen Wagen zum Himmel auffuhr. Auch dieses mystische Erlebnis führte zu einer pragmatischen Ernennung: Elija wurde zu der Zeit, als die Lokomotiven noch feurigen Wagen glichen, Patron der Eisenbahn.

Eine fast humorvoll anmutende Eigenart der katholischen Kirche: hohe Mystik ganz praktisch auf die Erde geholt. Wir neigen eher dazu, mystische Erlebnisse der Heiligen weit über unserem so glanzlosen Alltag anzusiedeln, dass es zwar staunenswert ist, aber im Grunde wenig mit uns zu tun hat. Die Kirche sagt hier etwas anderes: Nichts ist zu alltäglich, als dass es nicht mit hoher Mystik zu tun haben könnte. Und sie traut sich, das mit einem humorvollen Augenzwinkern zu tun. In der Spur der Menschwerdung Gottes doch nur logisch. Wie schön, das glauben und erfahren zu dürfen!

Die kirchlichen Jahreszeiten leben

Advent

Ungefähr Mitte November sprach ich mit einem Bekannten, dem ich bei der Gelegenheit gleich zum Geburtstag (zwei Tage später) gratulieren wollte. Doch er wehrte ab: Auf keinen Fall vorher gratulieren! Im gleichen Atemzug erzählte er mir, dass er am Wochenende zum Weihnachtsessen seiner Firma gehen wolle – Mitte November! Als ich ihn darauf aufmerksam machte, dass noch nicht Weihnachten sei, meinte er: Da ist dann schon wieder so viel anderes.

Ich kenne Menschen, die bereiten immer nur vor, ohne das Vorbereitete jemals wirklich zu genießen. Denn wenn es eintrifft, sind sie innerlich schon bei der Vorbereitung des nächsten Ereignisses. Und mit der Zeit entsteht eine innere Atemlosigkeit. Man hetzt den Ereignissen voraus und holt sich selbst dabei nie ein.

Advent könnte eine Zeit des Innehaltens werden. Noch ist es nicht Weihnachten. Es mit allen Sinnen erwarten könnte den Tagen eine innere Richtung gespannter Freude geben.

Ein Zen-Mönch, nach seiner Haltung der Sammlung befragt, antwortete: Wenn ich stehe, dann stehe ich. Wenn ich gehe, gehe ich. Wenn ich esse, ... Vielleicht würden wir sagen: Das tun wir auch. Und er könnte erwidern: Nein. Wenn ihr steht, dann geht ihr schon. Wenn ihr geht, dann esst ihr schon. Wenn es Herbst wird, haltet ihr Weihnachtsfeiern. Wenn Weihnachten ist, denkt ihr an Karneval. Wenn ihr lebt, geht ihr schon mit eurer Beerdigung – spätestens hier müssten wir widersprechen, denn wir feiern ja noch nicht einmal unseren Geburtstag zwei Tage zu früh.

Wenn möglich, bitte wenden!

Ein Navigationssystem ist eine spannende Sache. Als ich zum ersten Mal in einem Auto mit einem solchen System fahren durfte, habe ich es natürlich gleich ausprobiert. Ich habe die Zieladresse in den Computer eingegeben – und bin dann allerdings meine gewohnte Route gefahren. Das hatte zur Folge, dass die Computer-Frauenstimme mich regelmäßig aufmerksam machte: Wenn möglich, bitte wenden! Und an den entscheidenden Kreuzungen jeweils: Jetzt bitte wenden! – Ich tat es natürlich nicht, da ich ja meinen eigenen Plan im Kopf hatte. Als die Stimme mich zum wiederholten Mal aufforderte, umzukehren, dachte ich: So mache ich es oft auch auf meinem Weg mit Gott. Zuerst sage ich ihm, dass ich seinen Wegweisungen folgen will, und dann gehe ich doch meinen eigenen Weg, auf dem er mich an entscheidenden Wegkreuzungen immer wieder auffordert: Jetzt bitte wenden!

Dabei gibt es einen grundlegenden Unterschied: Gott ist kein Computer! Er kennt nicht nur den Weg, sondern auch das Ziel. Und sich seinen Wegkorrekturen anzuvertrauen garantiert, dass ich das Ziel meines Lebens erreiche.

Die Fastenzeit ist eine gute Möglichkeit, sensibel auf diese leisen Kurskorrekturen zu hören: Wenn möglich, bitte wenden! – und sich Gottes Führung immer neu anzuvertrauen.

Dann wird es zumindest nicht so sein, wie auf meiner damaligen Fahrt: das letzte Wegstück wollte ich nach Computeranweisungen fahren. Und plötzlich auf einem einsamen Feldweg sagt die Stimme: Sie sind am Ziel! – Ich hatte die falsche Adresse eingegeben.

Die kirchlichen Jahreszeiten leben

Halleluja

Vor Jahren versuchte mich eine noch junge Frau, die im gleichen Zugabteil mit mir eine längere Strecke fuhr, zu provozieren, indem sie das „katholische Getue mit Ostern und so" in Frage stellte. Ostern wäre für sie nur eine Farce, um der Düsterkeit des Lebens zu entkommen. Da wir Zeit hatten und allein im Abteil saßen, ergab es sich, dass sie von ihrem Leben und ihren Enttäuschungen erzählte. Es reichte ihr und sie hatte Ohren und Augen verschlossen, um weiteren Verletzungen zu entgehen. Sie hatte sich entschieden, Ostern nicht zu riskieren. Mitten im Gespräch musste ich leider aussteigen.

Als ich in einem Heft der Hörakustik ein Interview mit der Schauspielerin Christine Neubauer las, fiel mir diese Begegnung wieder ein. Sie sagt: „Hören ist Hauptbestandteil meines Berufes und den richtigen Ton zu treffen, bedeutet auch, ihn zu hören."

In der Osterliturgie wird feierlich das österliche Halleluja angekündigt und dann vom Bischof angestimmt. Wer den richtigen Ton des angestimmten Hallelujas nicht hört, kann ihn nicht aufgreifen und singen. Und wer nicht einstimmen kann, bleibt im Karsamstag stecken: Grabesruhe, ewiges Warten auf Leben? Ostern wird nicht einfach über uns verfügt. Wir müssen den Ton schon aufgreifen und dann selber singen. Es geht nicht darum, musikalisch zu sein, sondern darum, offene Ohren zu haben und vertrauensvoll einen angestimmten Ton übernehmen zu können. Das lässt sich im Alltag einüben, wenn wir aufeinander hören und voneinander den richtigen Ton übernehmen.

Österliches Sehen

Vor kurzem sollten wir im Rahmen eines Kurses „absichtslos" auf bestimmte Bilder schauen; denn – so hieß es – dann würden wir noch etwas anderes sehen. Ich gehörte zu der Minderheit, die nichts sah und nur die staunenden Ausrufe der anderen mitbekam. Natürlich erzählten sie, was sie sahen. Und mein Versuch, „absichtslos" zu schauen, wurde immer „absichtsvoller", weil ich jetzt versuchte zu sehen, was die andern beschrieben. Schließlich akzeptierte ich, dass ich es nicht konnte – und als ich am nächsten Morgen noch ein letztes Mal drauf schaute, ohne etwas sehen zu wollen, sah ich es plötzlich: allerdings ganz anders, als die anderen erzählt hatten.

Dieses Gefühl, nicht sehen zu können, was die anderen begeistert, wurde beim Hören der Osterevangelien wieder in mir wach. Einige Jüngerinnen und Jünger erzählen den übrigen, dass sie Jesus gesehen haben, was die entweder für Geschwätz halten oder skeptisch bleiben. Erst als sie selbst sehen können, verändert sich plötzlich alles. Und das scheint auch damit zu tun zu haben, eigene Vorstellungen loszulassen und die Wirklichkeit anzunehmen, wie sie ist. Dann erst sahen die Jünger, die nach Emmaus gingen, Jesus. Und erst als Thomas den Finger auf die Wunde legen soll – was eine Redewendung dafür geworden ist, sich der Wirklichkeit zu stellen – überwältigt ihn die Erfahrung des lebendigen Herrn.

Ostererfahrung beginnt also in meinem eigenen Alltag mit all seinen Bruchstellen. Da, wo ich ihn ernst nehme, kann der Auferstandene in meinen Alltag hereinkommen und Frieden schenken.

Beten um den Heiligen Geist

In diesen Tagen zwischen Christi Himmelfahrt und Pfingsten ist uns das Beten um den Heiligen Geist aufgetragen. Nur – wie geht das?

Simone Weil sagt: „Das Beten um den Heiligen Geist muss ein Schrei sein oder es ist keines!" Wann schreie ich um etwas? Wenn ein geliebter Mensch sich von mir abwendet und ich um die gefährdete Liebe schreie? Wenn ich eine tödliche Krankheitsdiagnose erhalte und um mein Leben schreie? Wenn Schmerzen unerträglich werden und ich nach Befreiung schreie? Wenn sich mir durch den Tod eines geliebten Menschen alles in Trauer verdunkelt und ich nach Trost schreie? Wenn ich in sozialer Not meine Arbeit verliere und um meinen Lebensort in der Gesellschaft schreie? Wenn Mobbing am Arbeitsplatz oder Feindschaft in meiner Umgebung mir die Kriegssituation vieler Menschen in fremden Ländern auf den Leib schreiben und ich um Frieden schreie? All diese Leidsituationen, in denen ich nach Erlösung schreie, haben mit dem Geist Gottes zu tun, denn andere Namen für ihn sind: Liebe, Leben, Tröster, Beistand, Frieden ...

Eine indische Geschichte erzählt, wie ein Lehrer seinem Schüler das Verlangen nach Gott, nach dem Heiligen Geist erfahrbar werden lässt: Er taucht ihn beim Bad im Fluss so lange unter Wasser, bis der Schüler fast erstickt ist. Dann fragt er ihn: „Was hast du da unten empfunden?" „Das Verlangen nach Luft!" – Das ist es: Wenn wir uns so nach dem Geist Gottes sehnen wie dieser Junge nach Luft, weil wir ohne ihn nicht leben können, dann genügt es zu rufen: „Komm!"

Pfingsten – das Mutmacherfest

Jeder von uns hat Angst vor irgendetwas. Und „vor dem, der keine Angst hat, muss man Angst haben!" Denn Angst hilft uns, Gefahren ernst zu nehmen. Sie entsteht, wenn meine Grenzen in Gefahr sind, überschritten zu werden – egal ob das durch andere geschieht, oder ob ich es selbst tue. Und die Verletzung meiner Grenzen bringt meine vermeintliche Sicherheit ins Wanken. Bedrohlich! Angst haben ist also normal. Und nur wer Angst hat, kann dann auch mutig sein.

Die Jünger Jesu haben Angst – und Jesus braucht einige Anläufe, um ihnen Mut zu machen. Pfingsten ist für mich ein Mutmacherfest!

Christen sind Menschen, die vom Heiligen Geist geprägt sind – und er ist ein Geist des Mutes, nicht der Verzagtheit, sagt die Bibel. Und zwar: Mut zur Wahrheit! Jesus selbst sagt von sich, dass er die Wahrheit ist. Und Simone Weil nimmt das in ihren Worten sehr ernst: „Wer sich von Christus abwendet um der Wahrheit willen, wird nach wenigen Schritten wieder in seinen Armen landen."

Mut zur Wahrheit haben heißt also: sich dem Leben, der Wirklichkeit stellen. Dabei brauchen wir keine Angst zu haben. Allerdings müssen wir unsere Vorstellung von der Wahrheit loslassen; denn diese Vorstellungen stehen an unseren Grenzen Wache und wehren oft Fremdes ab. Es geht um die Fragen, die das Leben selbst stellt. Und: „Wo die Frage nicht ist, da ist auch nicht die Antwort im Heiligen Geist" sagt die heilige Hildegard von Bingen. Der Mut, sich fragend der Wirklichkeit zu stellen, ist ein Zeugnis für den Heiligen Geist.

Die kirchlichen Jahreszeiten leben